智周萬物

人工智能改變中國

Intelligence: AI Changes China

100100101

楊靜 / 編著

開明書店

「科技改變中國」叢書

編委會

叢書總主編

倪光南　中國工程院院士，中國科學院計算技術研究所研究員

叢書副總主編

寧　濱　中國工程院院士，北京交通大學原校長
吳偉仁　中國工程院院士，國家國防科技工業局中國探月工程總設計師
徐宗本　中國科學院院士，西安交通大學原副校長
顧　翀　人民郵電出版社有限公司總經理
韓建民　杭州電子科技大學融媒體與主題出版研究院院長

編　委

武鎖寧　中國通信企業協會副會長，人民郵電報社原總編輯
陳　鍾　北京大學教授、博士生導師
馬殿富　北京航空航天大學教授、博士生導師
胡堅波　中國信息通信研究院總工程師
安　暉　中國電子信息產業發展研究院副總工程師
何寶宏　中國信息通信研究院雲計算與大數據研究所所長
陸　峰　中國電子信息產業發展研究院電子信息產業研究所副所長

推薦序

　　2019 年是中華人民共和國成立 70 周年，回顧這 70 年來的發展歷程，科技創新在其中發揮了巨大的作用，可以說科技創新是中國崛起的重要表現，也是中國崛起的重要支撐力量。近些年來，我國在人工智能領域表現搶眼，已經成為人工智能應用大國。但我們要清醒地認識到，我國還不是人工智能技術強國。到目前為止，以美國為代表的發達國家仍然掌控著人工智能的核心技術。為此，我們要加大創新力度，使我國儘快地從人工智能應用大國發展到人工智能技術強國。無論從哪個角度看，人工智能領域的自主創新都是科技興國的重中之重。

　　人工智能在中國儘管得到了政府、學術界和產業界的重視，有許多有識之士投身其中，但這樣一個戰略意義重大的領域，還需要更多的人去了解、關注和貢獻力量。

　　《智周萬物：人工智能改變中國》這本書遵循「高科技、深科普」原則，以「小切口大主題、小故事大圖景、小人物大時代」為特色，深入淺出地闡述了人工智能從誕生到發展成為大國重器的歷史脈絡，對人工智能核心技術和主要應用

進行深度科普，也對人工智能時代中國的戰略投入和勇於探索與實踐的一線人物進行介紹。

工業互聯網、AIoT（人工智能物聯網）和 5G 通信技術將推動萬物互聯的智能時代來臨。未來十年我國的芯片、雲計算和人工智能等領域將迎來巨大的市場機遇，帶來巨大的技術突破勢能。中國人工智能創新生態——智慧城市、智慧交通、AIoT 將蓬勃發展。這本書中呈現的中國「智能＋」行業應用場景，將在各行各業中進一步大放異彩。

2049 年，是中華人民共和國成立 100 周年。屆時中華民族偉大復興的實現離不開科學技術，而人工智能是其中的核心。本書在最後一章裏提出了人工智能發展的關鍵問題，邀請了來自學術界和產業界的專家們進行思辨與討論，發人深省而又不乏趣味。我期望本書的讀者跟隨這些專家與作者一起，不斷探索人工智能改變中國的新課題與新機遇，敢於挑戰要不來、買不來、討不來的關鍵核心技術，一起建設中國人工智能自主創新的道路，迎接智能中國的美好未來。

中國工程院院士

　　每個人在生命中的不同階段，可能都思考過「我從哪裏來，要到哪裏去」這個問題。過去十年中，在技術革命與產業發展的雙重推動下，人工智能（Artificial Intelligence，AI）對世界產生了前所未有的巨大影響。人工智能的演化正以摩爾定律甚至是超摩爾定律的速度迭代，與之對照，智慧生命從出現到數千年人類社會的變遷，就像是一幀幀慢鏡頭。

　　而人類文明當前也終於從農業化、工業化、全球互聯網化，走到了萬物互聯的智能普適化關口。人工智能可能帶來人類思維的全新突破，人機融合可能帶來全新的社會經濟運行範式。人類正勇敢駛向前所未知的智能大航海時代，這也將是人類有史以來最波瀾壯闊、變幻莫測的新航程。

　　本書第一章從人工智能的起源講起，追溯至 1948 年圖靈未發表的論文《智能機器》乃至更早。1956 年達特茅斯會議正式宣告人工智能啟航。但直至辛頓等深度學習三巨頭獲得 2018 年圖靈獎，才象徵着人工智能第三次浪潮抵達世界公認的新高度。這期間，IBM 的「深藍」、DeepMind 的 AlphaGo 都給人類智能的傳統邊界帶來了令世界震撼的巨大

挑戰。人工智能這兩盤大棋也正式吹響了智能大航海時代的號角，中國也必須全力啟程，才能在「智能+」時代擁有更強大的競爭力和更廣闊光明的前景。

與此同時，全球互聯網巨頭紛紛轉型人工智能，人工智能和實體經濟深度融合，行業應用迎來全面爆發，萬物互聯的智能世界迎來了新一輪歷史機遇。

在中國，人工智能先驅們不畏艱難，篳路藍縷，打下發展的基礎。在新世紀人工智能崛起的大潮中，中國在學術和產業領域全面追趕，人工智能成為影響經濟、社會、科技和民生等諸多方面發展的國之重器，也成為國家發展的全局性戰略要素。

當前人工智能已廣泛應用，機器智能滲透到生產生活的方方面面。在第二章裏，我們以微觀視角切入日常生活，將中國人身邊的智能技術進行還原和解碼，從「看」「聽」乃至「說」的能力來闡釋人工智能的作用。同時我們以教育這個中華民族關注的重要課題之一為例，展示了人工智能的「魔力」和重要性。

本書第三章從芯片發展的摩爾定律和AI計算的超摩爾定律講起，全面展現中國的人工智能基礎，包括智能雲、高性能計算、邊緣計算和量子計算機等方面的最前沿佈局。我

們堅信「智能＋」將成為未來十年世界科技產業進步的主力發動機之一。

　　本書第四章描繪了「智能＋」助力傳統行業的場景，包括零售、交通、醫療、金融等行業，中國大地成為人工智能落地的廣闊舞台和科技賦能美好生活的新天地。

　　第五章中，我們重點展現筆者所創立的人工智能社交資訊和開放創新平台新智元，其真實鏡頭下的中國 AI 人物，包括周志華、施路平、汪玉、胡鬱、陳雲霽和陳天石兄弟、余凱、吳甘沙以及宋繼強，介紹他們如何在時代的巨浪中勇往直前，成為人工智能大航海時代的「哥倫布」和中國式創新創業者。

　　在人類探索萬物互聯新世界的過程中，中國究竟將扮演怎樣的角色？本書最後一章採訪了中國科學院院士梅宏和段樹民、中國科協原副主席張勤、中國科學院計算技術研究所（以下簡稱中科院計算所）研究員史忠植、清華大學教授孫茂松、清華大學副教授劉知遠、科大訊飛副總裁李世鵬、京東集團副總裁周伯文、華為消費者 BG 軟件部總裁王成錄、華為消費者 BG 首席戰略官邵洋、馭勢科技 CEO 吳甘沙和中央電視台《機智過人》節目製片人張越女士等專家和各界知名人士。他們將帶領讀者一起展望到 2049 年時中國人工智

能能否展翅騰飛、助力中華民族偉大復興，中國引領全球 AI 發展前景是否樂觀。

從專家的建議中，我們可以看到中國人工智能學術研究和產業應用雖然發展迅猛，但基礎研究、算法創新和開源生態等三大領域都存在系統性短板，中國亟須在人工智能大航海的進程中創建自己的「航空母艦」並形成持久競爭力。展望未來，人工智能或許會突破藩籬，掀開智能文明新的歷史篇章。中國也需要適時打造探索智能新邊界的「星河艦隊」，向着人類的夢想、大腦的奧祕和智能的極限發起終極挑戰。

本書從 70 年前人工智能的開端講起，收尾於百年設問。到 2049 年，人工智能將跨過一個世紀；而 2049 年也是中華人民共和國成立 100 周年。2019 年，我們和讀者一起站在人工智能大航海時代和全球形勢大變局的轉折點。在此風雲變幻、形勢激盪之際，新智元立足時序更替的交匯點，匯聚產業界、學術界等多方力量，共同尋找開啟未來智能新世界的密鑰，為中國 AI 產業發展添薪續力，鼎力共建「智能 +」！

我決定進行《智周萬物：人工智能改變中國》一書的編寫，源於人民郵電出版社賀瑞君老師的信任、激勵和家人親友的支持。本書的編撰和採訪雖然只有幾個月，但新智元創立四年來的辛勤探索、採訪和積累為完成本書提供了重要

保障。本書共分為六章，主要由新智元團隊成員統籌執筆，第一章由楊靜執筆，第二章由陳木青執筆，第三章由劉小芹執筆，第四章由劉小芹、陳木青執筆，第五章由陳木青、張佳執筆，第六章由楊靜、張佳、劉小芹執筆，全書由楊靜統稿，杜小紅擔任視覺指導。在此特別感謝新智元全體同人及各界好友對本書創作的大力支持。北京大學市場與網絡經濟研究中心陳永偉研究員為本書做了大量的前期工作，史雪松、劉佩佩、吳乾坤、崔浩川和陳開壯等人在專家採訪、前期調研等方面做了工作並給出不少建議。在此一併致謝！

　　本書第一章關於中國人工智能發展歷程的敍述，部分材料來自中南大學蔡自興教授 2016 年在《科技導報》發表的文章《中國人工智能 40 年》，感謝蔡教授許可使用並提出建設性意見。

　　在本書的創作過程中，《機智過人》節目組也為我們提供了大量翔實的素材，以獨特視角對我國人工智能的發展進程做出了解讀。我與《機智過人》節目組結緣要從 2016 年說起，當時國內人工智能的發力勢頭已現，但全國乃至全球都沒有一檔專門以人工智能為主題的電視節目，新智元和適時推出的《機智過人》自然很快有了交集。新智元是投身我國「智能 +」建設的開放創新平台，《機智過人》是國內第

一檔也是唯一的以人工智能為主題的電視節目，雙方不管是價值理念還是目標願景都高度契合。筆者在此感謝《機智過人》節目製片人張越老師、執行製片人吳墨冉老師和節目組各位同人對新智元和本書的支持，我們將一同為推動中國邁進「智能＋」的新紀元共盡涓滴之力。

楊　靜

目 錄

第一章

中國，探索人工智能的大航海時代

地球上智能生命的演進與文明的發展，往往有幾個關鍵突變點。從生物智能到人工智能的演化，可能是人類歷史上決定命運的關鍵時期。人工智能不僅在全球引發了學術上的突破，更帶動了產業的躍遷。在摩爾定律所反映的計算能力指數級提升的賦能下，人工智能也給人類社會發展帶來了前所未有的強大動力。

人工智能技術已經走過 60 餘載波瀾壯闊的發展歷程，隨着近年來數據爆發式的增長、計算能力的大幅提升，以及深度學習算法的發展和成熟，我們已經迎來了人工智能概念出現以來的第三個浪潮期。基於大數據和強大計算能力的機器學習算法已經在計算機視覺、語音識別和自然語言處理等許多領域中取得了突破性的進展，基於人工智能技術的應用也開始成熟。

與此同時，中國經濟也走到了歷史發展的重要關口——依靠人口紅利發展的模式不能夠支撐高速發展，我國需要新的增長引擎。基於人工智能的自動化可以提高生產力，可以幫助我國實現經濟發展目標。同時，我國也擁有海量數據和廣闊的市場作為發展人工智能的支撐。

從學術論文發表的數量來看，中國人工智能方面的學術實力僅次於美國，位列世界第二，可以為人工智能後續的發展提供堅實的學術基礎；從產業方面來看，無論從國家戰略層

面，還是科技企業發展層面，人工智能已經成為我國經濟的一個關鍵詞。在政府的大力支持下，高等院校和科研院所大力投入相關研究，華為、阿里巴巴、騰訊等多家科技巨頭，還有眾多中小企業和初創企業積極研發並佈局市場，我國已經成為全球人工智能的重要基地。

然而，要了解人工智能要去往何方、人工智能將給中國帶來什麼樣的改變，首先要知道人工智能從何處來、它經歷了怎樣的發展歷程。

1.1　人工智能的起源

人工智能是研究、開發能夠模擬、延伸和擴展人類智能的理論、方法、技術及應用系統的一門新的技術科學。其研究、開發的目的是促使智能機器會聽（語音識別、機器翻譯等）、會看（圖像識別、文字識別等）、會說（語音合成、人機對話等）、會思考（人機對弈、定理證明等）、會學習（機器學習、知識表示等）、會行動（機器人、自動駕駛汽車等）。人工智能的概念現在已廣為人知，但它從想像、思辨到提出概念、開展研究，再到形成技術、走進人們的生產和生活，經歷了漫長的歷程。

2017 年年初，《福布斯》雜誌發表了人工智能編年體簡史，時間跨度超過 700 年，涵蓋心理學、數學、哲學、藝術、計算機科學等學科領域，以及與人工智能的發展息息相關的歷史大事件。

這篇文章將人工智能的歷史追溯到 1308 年，西班牙加泰羅尼亞詩人、神學家拉蒙·魯爾（Ramon Llull）出版《偉大的藝術》（*Ars Generalis Ultima*），闡述了他提出的使用「邏輯機」從概念的組合中創造新知識的方法。

1763 年，托馬斯·貝葉斯（Thomas Bayes）提出一個用於推理事件概率的框架。1854 年，喬治·布爾（George Boole）提出邏輯推理可以使用與解方程組相同的方式系統地進行。之後人們採用無線電、機械和自動控制等手段進行了一些有關智能機器的嘗試，也有人在劇作、電影中對機器人等智能形態進行暢想。

但人們對人工智能的追求直到現代才邁出堅實的步伐。第二次世界大戰期間，許多學科領域出現了優秀的科學家，包括新興的神經科學和計算機領域。在英國，神經學家威廉·格雷·沃爾特（William Grey Walter）和數學家阿蘭·圖靈（Alan M. Turing）是首先向智能機器發起挑戰的兩位科學先驅，1948 年，沃爾特製造了有史以來第一個機器人。圖靈在 1950

年發表論文《計算機器和智能》（*Computing Machinery and Intelligence*），提出了圖靈測試，為智能機器設置了標準：一種可以讓某人以為自己在和另一個人說話的機器。

早在 1948 年，圖靈就寫過一篇題為《智能機器》（Intelligent Machinery）的論

圖 1.1　圖靈畫像
（Natata / Shutterstock.com）

文，描繪了人工智能中聯結主義的大部分內容。這篇論文是圖靈在英國國家物理實驗室工作時寫的，但當時的實驗室主任查爾斯·達爾文爵士稱這是一篇「學生論文」，並寫信給圖靈，抱怨論文「滿是髒痕」的外觀。可貴的是，圖靈是在沒有電子計算機的時代，用紙和鉛筆模擬大腦，做出了這項開創性的研究。

事實上，這篇具有遠見卓識的論文是關於人工智能的第一個宣言，但遺憾的是圖靈從未發表它。在這篇論文中，圖靈不僅闡述了聯結主義的基本原理，而且出色地引入了許多後來成為人工智能核心的概念，包括具有學習能力的遺傳算法和神經網絡（他稱之為「無組織機器」），甚至強化學習的思想。

當然，這些概念是在其他人重新發明之後才成為核心的。而
「人工智能」這一概念是在 1956 年才被正式提出的。

1956 年夏天，一些年輕科學家在美國達特茅斯學院開會
研討「如何用機器模擬人的智能」時，首次提出「人工智能」
的概念，這標誌着人工智能學科的誕生。

讓我們回顧一下那個意義非凡的夏天。

那年，28 歲的約翰‧麥卡錫（John McCarthy，1971 年
圖靈獎[1] 獲得者），37 歲的納撒尼爾‧羅切斯特（Nathaniel
Rochester，約翰‧麥卡錫的老闆—— IBM 第 1 代通用機 701
的主設計師），28 歲的馬文‧明斯基（Marvin Minsky，麻省理
工學院人工智能實驗室[2] 的創始人之一）和 40 歲的克勞德‧香
農（Claude Shannon，信息論創始人）四人提議在麥卡錫工作
的達特茅斯學院召開一場頭腦風暴式的研討會。這場研討會被
稱為「達特茅斯夏季人工智能研究會議」。參加會議的除了以
上這四位，還有六位年輕的科學家。

這次研討會討論了當時計算機科學領域尚未解決的一些

1　圖靈獎（A.M Turing Award），由美國計算機協會（Association for
　　Computing Machinery，ACM）於 1966 年設立，專門獎勵那些對計
　　算機事業做出重要貢獻的個人。它是全世界計算機界最負盛名、最
　　崇高的一個獎項，有「計算機界的諾貝爾獎」之稱。
2　麻省理工學院（MIT）計算機科學和人工智能實驗室的前身。

圖 1.2　達特茅斯學院（Dan Lewis / Shutterstock.com）

問題，包括人工智能、自然語言處理和神經網絡等。

　　儘管除了「邏輯理論家」和 α-β 搜索法等成果，這些絕頂聰明的科學家在經歷了長達一個月的頭腦風暴後並沒有產生其他歷史性的突破，但他們提出了「人工智能」這一概念，推動其成為計算機科學中的一門學科，並在以後大放異彩。

　　值得一提的是，這次研討會的出席者幾乎囊括了當時全球人工智能領域的主要人物。在隨後的 20 年裏，人工智能這個舞台基本被這些人物和他們在麻省理工、卡內基 - 梅隆、斯坦福等大學和 IBM 等企業中的同事們所佔據。

1.2　寒冬與熱潮交替，人工智能發展的起伏

自 1956 年達特茅斯會議到 2019 年，人工智能已走過 63 年的發展歷程，但其發展並非一帆風順，而是幾經起落。在這起起伏伏的巨浪中航行與求索，只有 AI 相關從業者才能真切了解其中況味——浪潮期的榮耀與機會和寒冬期的低落與困境。

1.2.1　回望圖靈獎背後的坎坷

2019 年 3 月 27 日，ACM 公佈了 2018 年圖靈獎獲得者，即深度學習三巨頭——約書亞·本吉奧（Yoshua Bengio）、傑弗里·辛頓（Geoffrey Hinton）和楊立昆（Yann LeCun）[1]。這三位獲獎者在業內被稱為「當代人工智能教父」，他們開創了深度神經網絡（Deep Neural Network）

這個技術領域。這項關鍵的計算機工程技術，為深度學習算法的發展和應用奠定了基礎。三位獲獎者的介紹如下。

● 約書亞·本吉奧，55 歲，加拿大蒙特利爾大學教授，魁北克人工智能研究所的科學主管（Scientific Director）；

● 傑弗里·辛頓，72 歲，谷歌公司副總裁和工程會士

1　編者注：楊立昆是 Yann LeCun 本人首肯的中文名，他並不是華人。

圖 1.3
深度神經網絡示
意圖
（Evannovostro /
Shutterstock.com）

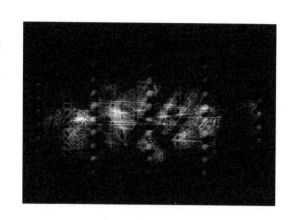

（Engineering Fellow）加拿大 Vector 人工智能研究院首席科學
顧問，多倫多大學名譽教授；

● 楊立昆，59 歲，紐約大學教授，臉書公司（Facebook）
副總裁兼首席 AI 科學家。

深度學習三巨頭獲得計算機界最高殊榮的背後，是一段
經歷了寒冬的艱辛之路，也是相關學者在人工智能學術道路上
數十年來執着前行、永不言棄的時代縮影。20 世紀 80 年代，
傑弗里‧辛頓等人坐了若干年的冷板凳，直到 21 世紀 AI 的再
度爆發才得以揚眉吐氣。在這次浪潮中，傑弗里‧辛頓提出新
的神經網絡模型「膠囊網絡」（Capsule Network），試圖找到
解決深度學習缺陷的新方法。這位七旬老人熬過了 AI 最寒冷
的冬天，並且認定下一個冬天不會到來。

辛頓早年的科研之路可謂坎坷至極。1973 年，辛頓進入愛丁堡大學研究生院，師從克里斯托弗・龍格－希金斯（Christopher Longuet-Higgins）學習人工智能。當時正值人工智能的寒冬期，神經網絡也受到了學術界輕視。克里斯托弗是著名的理論化學家和認知科學家，曾培養出諾貝爾獎獲得者。在辛頓師從克里斯托弗學習人工智能期間，其與導師的理念不盡相同：克里斯托弗堅持傳統的邏輯人工智能理念，而辛頓則堅信基於神經元理論的神經網絡一定是未來的發展方向。

「我的研究生生涯充滿了坎坷，每周我們都會有一場爭吵。」辛頓後來回憶，他一直在和導師做「交易」：「讓我再做 6 個月的神經網絡，我會向你證明它們是有效的。」但在 6 個月結束的時候，辛頓又說：「再給我 6 個月」，之後又說「再給我 5 年時間」。終於在 20 世紀 80 年代，辛頓成功了。1986 年，辛頓等人完成著名的論文《反向傳播學習實驗》（*Experiments on Learning by Back Propagation*），提出了影響後世人工智能發展的新神經網絡方法。不過，當時既沒有足夠的數據，也沒有足夠的計算能力，導致神經網絡無法進行大規模訓練，學術界和產業界對辛頓的神經網絡依舊不感興趣。辛頓參加學術會議時，經常坐在房間的角落裏，得不到當時學術界大咖的垂青。

2012 年，辛頓和他的兩名學生發表論文，提出了深度捲積神經網絡模型 AlexNet，並在當年的 ImageNet 大規模圖像識別競賽中獲得冠軍。後來辛頓加入「谷歌大腦」，AlexNet 也成為圖像識別中最經典的模型之一，在產業界得到普遍應用。

更值得紀念的是，2015 年，傑弗里‧辛頓、楊立昆、約書亞‧本吉奧這三位深度學習巨頭在《自然》（*Nature*）雜誌上共同發表了一篇名為《深度學習》（*Deep Learning*）的綜述文章，講述了深度學習為傳統機器學習帶來的變革，樹立了人工智能在學術界的嶄新豐碑。

辛頓等人所經歷的坎坷，只是人工智能兩落三起的一個縮影，讓我們來回顧一下這段歷史。

1.2.2　人工智能的第一次發展浪潮

1956 年達特茅斯會議之後，人工智能迎來了第一次發展浪潮。在這之後的十餘年間，計算機被廣泛應用於數學和自然語言領域。研究者們在定理證明、人機對話方面做了一些工作，並進行了一些機器翻譯的嘗試。其中，1960 年華裔美國數理邏輯學家王浩提出的命題邏輯的機器定理證明新算法，證明了集合論中的 300 多條定理。1957 年，康奈爾大學的實驗心理學家弗蘭克‧羅森布拉特（Frank Rosenblatt）發明並模擬實

現了一種他稱為「感知機」的神經網絡模型，該模型可以完成一些簡單的視覺處理任務，這在當時引起了轟動。

這些工作成果讓很多研究學者看到了機器向人工智能發展的信心。當時甚至有很多學者認為：「20 年內，機器將能完成人類能做到的一切。」但這一波浪潮本身都沒有持續 20 年。

1.2.3　人工智能第一次低谷

20 世紀 70 年代，第一波人工智能熱潮逐漸退去，發展遭遇瓶頸。受技術發展的制約，當時的人工智能主要面臨計算機性能不足、無法應對高複雜性問題以及數據量嚴重不足這三大瓶頸，因此無法解決任何實際的人工智能問題。此前，研究者們對人工智能的期待是具有人類兒童水平的認知，但在當時來講，這一要求實在太高了。

由於缺乏技術突破，此前對人工智能研究項目提供資助的機構也逐漸停止相關資助。美國國家研究委員會（National Research Council, NRC）當時也對方向不明朗的 AI 研究感到失望，在撥款 2 000 萬美元後停止了資助。這種情況不只發生在美國，1973 年，針對沒有太多亮眼成績的英國人工智能研究狀況，著名數學家詹姆斯·萊特希爾（James Lighthill）也批評AI 並未實現「宏偉目標」。現在我們通常認為 1976 年到 1982

年是人工智能的第一次低谷期。[1]

1.2.4　人工智能迎來第二次發展浪潮

　　1980 年，卡內基－梅隆大學為數字設備公司（Digital Equipment Corporation，DEC）設計了一套名為 XCON 的「專家系統」，它標誌着人工智能迎來了第二次發展浪潮。XCON 是一種採用人工智能程序的系統，可以簡單理解為「知識庫＋推理機」的組合，是一套整合了當時 DEC 計算機配置方面專業知識的計算機智能系統。XCON 可以按照訂單需求自動選取 DEC 公司 VAX 系列計算機的零部件。這套系統在 1986 年之前每年能為 DEC 公司節省至少幾百萬美元的經費。

　　得益於該商業模式的成功，Symbolics、Lisp Machines、IntelliCorp、Aion 等公司湧現了出來。在第二次人工智能浪潮期間，僅專家系統產業的價值就高達 5 億美元。商業模式之外，國際競爭更是加速了專家系統的發展。1981 年，日本在經過為期兩年的廣泛調查之後，決定投資 1 000 億日元，實施為期十年的「第五代計算機技術開發計劃」，設想中的第五代計算機（五代機）將能夠進行智能信息處理。日本的勃勃雄心給美國的計算機技術霸主地位帶來了壓力。美國國防部

1　參見《人工智能標準化白皮書（2018 版）》。

高級研究計劃局（Defense Advanced Research Projects Agency,
DARPA）也於 1982 年提出用 10 億美元預算研究五代機。英國
不甘落後，政府聯合企業籌資逾 5 億美元，於 1983 年開始實
施第五代計算機的研究計劃。蘇聯也成立了「計算機工程國際
委員會」開發五代機。專家系統一時風光無限。

1.2.5　人工智能第二次低谷

不幸的是，這段繁榮並未持續太久，僅僅維持了 7 年，
人工智能就陷入了第二次低谷，而這次低谷可以被稱作「AI
之冬」，也正是這次「冬天」讓「深度學習技術之父」——辛
頓等知名學者坐了數年冷板凳。

「AI 之冬」一詞是經歷過 1974 年經費削減的研究者們提
出的。當時他們注意到了人們對專家系統的狂熱追捧，預言不
久後人們將轉向失望。事實被他們不幸言中，專家系統的實用
性僅僅局限於某些特定情景。

到了 20 世紀 80 年代後期，DARPA 的下屬機構戰略計算
促進會（Strategic Computing Initiative）大幅削減對 AI 的資助。
DARPA 的新任領導認為 AI 並非「下一個浪潮」，撥款轉為傾
向於那些看起來更容易出成果的項目。另外，在技術方面，到
1987 年，蘋果公司和 IBM 公司生產的個人計算機性能都超過

了 Symbolics 等廠商生產的通用計算機。從此，專家系統風光不再。

1.2.6　人工智能重裝上陣

20 世紀 90 年代中期開始，隨着 AI 技術，尤其是神經網絡技術的逐步發展，以及人們對 AI 開始抱有客觀理性的認知，人工智能技術進入了一個復甦期。1997 年 5 月 11 日，IBM 公司的計算機系統「深藍」戰勝了國際象棋世界冠軍卡斯帕羅夫，又一次在公眾領域引發了現象級的 AI 話題討論。這是人工智能發展的一個重要里程碑。

2006 年，辛頓在神經網絡的深度學習領域取得突破，這是標誌性的技術進步，人類又一次看到了機器在某些方面趕超人類的希望。

深度學習算法的迭代更新，加上近些年來全球數據爆發式的增長，以及計算能力的大幅提升，人工智能在全球範圍內迎來了波瀾壯闊的第三次浪潮。這一次人工智能浪潮與前兩次浪潮有着明顯的不同。基於大數據和強大計算能力的機器學習算法已經在計算機視覺、語音識別、自然語言處理等一系列領域中取得了前所未有的重大突破，基於人工智能技術的應用也開始走進千家萬戶。

　　人工智能技術開始大幅跨越科學與應用之間的「技術鴻溝」，圖像分類、語音識別、知識問答、人機對弈、自動駕駛等人工智能技術實現了從「不能用、不好用」到「可以用」的技術突破，迎來了爆發式增長的新高潮。

　　昔日的冷板凳，終於被辛頓這樣的人工智能拓荒者和耕耘者數十年如一日的執着追求「焐」熱，而這種熱度一旦超越某個界限就不會再輕易冷卻。

1.3　中國人工智能的艱難起航

　　文藝復興和啟蒙運動以來，自然科學領域經歷了跨世紀的系統發展。率先完成工業革命和電氣化革命的西方世界發展出人工智能，是歷史的必然。而 1949 年在積貧積弱的基礎上建立起來的新中國，要迅速跟上西方的腳步是不可能的。但就是在這樣的歷史條件下，一批批科技、教育等領域的探索者們憑藉對科學如饑似渴的好奇、虛懷若谷的學習精神，以及堅持不懈的努力，為中國人工智能的發展打下了基礎。

1.3.1　艱難起步

　　從「圖靈測試」提出到第一次人工智能浪潮退去，西方

在人工智能領域的探索已經完成一個階段，可以登堂入室。而我國一方面受新中國成立初期在經濟、工業和教育等方方面面力量有限的制約，另一方面受蘇聯批判人工智能和控制論（Cybernetics）的影響，整個 20 世紀 50 年代幾乎沒有開展人工智能研究。一直到 20 世紀 70 年代，我國人工智能研究仍處在幾乎停滯的狀態。

1978 年 3 月，全國科學大會在北京召開，鄧小平同志發表重要講話，指出「科學技術是生產力」。此次大會提出了「向科學技術現代化進軍」的戰略決策，打開了解放思想的先河，迎來了中國科技事業的春天，人工智能領域也得以邁開前進的步伐。就是在這次大會上，吳文俊 1977 年提出的幾何定理機器證明「吳方法」，獲得了 1978 年全國科學大會獎，這是中

圖 1.4
吳文俊工作照
（圖片來源：中國科學院數學機械化重點實驗室）

國人工智能發展史上里程碑式的成就。

　　由此，中國的人工智能研究艱難起步了，一些基礎性的工作得以開展。除了吳文俊的成果，在 1978 年召開的中國自動化學會年會上，還報告了光學文字識別系統、手寫體數字識別、生物控制論和模糊集合等研究成果。中科院院士、現任清華大學人工智能研究院院長的張鈸，在 1978 年參與創建了清華大學的「人工智能與智能控制」研究方向。

　　改革開放後，自 1980 年起中國派遣大批留學生赴國外研究現代科技，學習科技新成果，其中就包括人工智能和模式識別等學科領域。這些人工智能領域的「海歸」專家，後來成為中國人工智能研究與開發應用的學術帶頭人和中堅力量，為發展中國人工智能做出了舉足輕重的貢獻。也正是從 1980 年起，在時任吉林大學計算機系主任的學部委員（院士）王湘浩的倡導與組織下，全國高校人工智能研討會研究班成為國內最早舉辦的人工智能學術研討活動，自 1980 年起每年舉行一次。

　　1981 年 9 月，中國人工智能學會（Chinese Association for Artificial Intelligence，CAAI）在長沙成立，時任中國科學院應用數學研究所副所長、負責完成中國第一顆原子彈和第一顆氫彈威力計算工作的秦元勛當選 CAAI 第一任理事長。1982 年，

中國人工智能學會會刊《人工智能學報》在長沙創刊，成為國內首份人工智能學術刊物。

這一時期內，中國的人工智能研究尚處於起步階段。

1.3.2　穩步發展

1984 年 2 月，鄧小平同志在上海觀看兒童與計算機下棋時，指示「計算機普及要從娃娃抓起」。此後，中國的人工智能也隨着自動化、計算機等學科的發展漸漸走上比較平穩的發展道路。

1984 年，國防科工委召開了全國智能計算機及其系統學術討論會。1986 年起，智能計算機系統、智能機器人和智能信息處理等重大項目被列入了國家高技術研究發展計劃（863 計劃）。而中國計算機學會的人工智能與模式識別專業委員會也於 1986 年在山西大學成立，其前身是王湘浩先生創建的人工智能學組。同年，清華大學校務委員會經過三次討論後，決定同意在清華大學出版社出版中南工業大學（現中南大學）蔡自興的著作《人工智能及其應用》，這是國內首部具有自主知識產權的人工智能專著。

1989 年，《模式識別與人工智能》雜誌創刊。1989 年，第一屆中國人工智能聯合會議召開。自 1993 年起，智能控制和

智能自動化等項目被列入國家科技攀登計劃。

科學研究方面，首個「吳文俊人工智能最高成就獎」獲得者、中科院院士陸汝鈐於 1985 年在國際上率先研究異構型分佈式人工智能，把機器辯論引入人工智能。1983 年，張鈸在國際人工智能聯合會議（International Joint Conference on Artificial Intelligence, IJCAI）上發表了該會議第一篇來自中國學者的文章。進入 20 世紀 90 年代後，張鈸和張鈐的專著《問題求解理論及應用》先後在國內外出版，引起了國際學術界的重視。

在此期間深入耕耘人工智能的學者中，陸汝鈐在科技項目上比較高產。在中科院數學研究所（現中國科學院數學與系統科學研究院的前身之一）供職期間，他在知識工程領域做了比較深入的研究，設計並主持研製了知識工程語言 TUILI，並將其很好地應用於當時的反常氣象預報。此外，陸汝鈐還主持了國家「七五」攻關課題項目「天馬」系統。該系統是集成多種技術和工具的大型專家系統開發環境，也是當時國內最大的專家系統開發工具包。1990 年後，陸汝鈐除了在知識的自動獲取和知識系統的自動開發方面做了大量工作，還研究並主持實現了一套全過程計算機輔助動畫生成技術，開發出動畫自動生成軟件《天鵝》，在藝術創造領域引入了人工智能。而蔡

自興等人提出並發展了基於專家系統的機器人規劃機理與方法，實現了專家系統與機器人技術的結合。

在國民經濟各領域的專家系統應用中，農業走在了前列。中科院合肥智能機械研究所 1981 年派到美國馬里蘭大學訪問學習的熊範綸在回國後，選擇了農業作為專家系統應用的突破口。熊範綸在極其艱苦的條件下，幾乎從零起步，克服種種困難，主持研發出了「砂薑黑土小麥施肥計算機專家諮詢系統」。該系統在 1985 年通過驗收並在 1990 年被國家表彰為國家「七五」科技攻關重大成果。熊範綸也是第一個被國際自動控制聯合會（International Federation of Automatic Control, IFAC）評為會士（Fellow）的中國學者。

從 1984 年前後到 20 世紀 90 年代後期，中國人工智能的學科已經基本形成，科學研究取得了一定的成績，專家系統等人工智能技術走進了工農業生產，帶來了可觀的經濟效益。

或許是因為沒有經歷前述發達國家瘋狂投入五代機研製失敗而導致的失望，我國人工智能界並沒有對專家系統驟踩剎車，而是讓其隨着經濟社會的發展和相關學科的進步，在人工智能領域繼續前行，積蓄力量。

1.4　人工智能大航海時代的中國力量

　　1998 年，香港挺過了亞洲金融危機，我國的 GDP 跨過了 1 萬億美元的門檻，位居世界第七。這一年，聯想公司的第 100 萬台計算機下線。1997 年用「深藍」計算機打敗了國際象棋世界冠軍的 IBM 公司，1998 年其旗下的個人計算機在中國的出貨量已經被聯想超越。在全球 IT 巨頭眼中，中國成為必爭之地，IBM、英特爾、戴爾和甲骨文等當時舉足輕重的 IT 企業，其高管紛紛來訪。

　　1998 年，中國報考大學的人數達到 320 萬人，比 1997 年增長近 11.89%；研究生報考人數達到了 27.4 萬人，比 1997 年增長了 13.1%。除了市場機會，中國的人才優勢也逐漸為世界所矚目。同年 9 月 15 日超越通用電氣成為全球市值最高公司的微軟，在北京成立了微軟中國研究院（2001 年升格為微軟亞洲研究院，簡稱亞研院）。在此後中國人工智能的發展中，有很多重要的事件、組織和人物都與微軟亞洲研究院密切相關。同年英特爾公司也在北京成立了研究中心。可以說，到 1998 年，中國在經濟、市場、人才、對外交流等方面基本都為人工智能的發展做好了繼續前行的準備。

　　人工智能技術的突破，讓人類社會再次跨入一個學術、

產業協同的科技大航海時代。這次，中國也已整裝待發，要向
着「智能＋」的新大陸起航。

　　進入 21 世紀，尤其是在人工智能進入第三次浪潮後，中
國經濟社會也走到了歷史發展的重要關口——隨着人口結構
的變化，中國需要未雨綢繆、尋找人口紅利之外的強勁增長引
擎。這時藉助人工智能提升生產力早已看得見摸得着，賦能各
個產業，從而幫助中國實現經濟繼續騰飛的目標這一希望，被
寄託在了人工智能上。

　　不管是由於科研、市場和人才推進，國家發展需要還是
產業需求驅動，中國已逐漸成為全球人工智能的發展中心之
一。那麼人工智能在中國的軟硬件建設如何，中國距離成為真
正的人工智能強國到底還有多遠呢？

1.4.1　中國的人工智能學術研究和人才培養

　　從人工智能的發展歷程可知，學術成果與技術突破是推
動人工智能發展的基石。而中國並非一開始就是全球人工智能
學術及產業領域的探索者和領導者，尤其在前期的學術研究
與技術突破方面並未佔據優勢，甚至有所缺失。相比發達國
家，我國在人工智能研究人員和高校相關人才培養方面的起步
也比較晚。

　　近年來，中國人工智能學術界一直在不斷追趕，論文數量飛速增加，質量進步也較快，對全球人工智能領域的貢獻逐漸增多。除了數量持續上升，自 2008 年起，中國論文引用指標也呈現持續上升趨勢。

　　2019 年 5 月 24 日，《中國新一代人工智能發展報告 2019》（以下簡稱「報告 2019」）在浦江創新論壇上發佈。「報告 2019」指出，2013 — 2018 年，全球人工智能領域的論文文獻產出共 30.5 萬篇，其中，中國發表 7.4 萬篇，美國發表 5.2 萬篇。

　　「報告 2019」認為，人工智能正在由學術界驅動轉向由學術界和產業界共同驅動，需要產學研協同創新。然而，從數據上看，中國人工智能校企合作論文比例與美國、以色列等國家相比還有較大差距，人工智能學術研究仍以高校和研究院所為主，與企業的結合程度較弱。高校和科研機構的科研成果與企業的實際需求結合也不夠緊密，企業在科研項目中的參與程度較低，真正以市場為導向、產學研協同開展的人工智能科研活動仍有待加強。

　　而根據 2018 年 12 月發佈的，由來自哈佛大學、麻省理工學院、斯坦福大學、OpenAI 及 AI 產業聯盟的專家學者組成的 AI Index 小組撰寫的《AI 指數 2018 年度報告》（*AI Index 2018 Annul Report*），2016 年中國作者 AI 論文的被引用率比

2000 年高出了 44%。當然，美國在這方面表現更加突出，美國作者 AI 論文的被引用率要比世界平均水平高 83%。根據「報告 2019」，在前 1% 高被引論文數量國家分佈上，美國以 1 345 篇位列第一，中國以 1 166 篇位列第二。在前 100 篇高被引論文數量國家分佈上，美國、英國和中國佔據前三名。

《AI 指數 2018 年度報告》還指出，從 2007 年到 2017 年，在中國由政府主導的 AI 論文數量增長了 400%，由企業主導的 AI 論文數量增長了 73%，而美國 2017 年由企業主導的 AI 論文數量是中國的 6.6 倍。

簡而言之，人工智能學術方面，雖然中國在發表論文的數量上已經佔據優勢，但論文影響力仍有很大提升空間。在夏威夷召開的人工智能頂級學術會議 AAAI[1] 2019 也印證了這一點。

據統計，AAAI 2019 的中國作者論文投稿數量共計 2419 篇，位居第一，在數量上已經接近第二名的兩倍。同時，中國被接收論文的數量也是第一（共計 382 篇），比排名第二的美國多了 118 篇。相比之下，美國論文投稿總數和接收總數均為全球第二，論文錄取率則以 20.6% 排名第四，綜合實力領先；

1　AAAI（The AAAI Conference on Artificial Intelligence）是由 1979 年成立的美國人工智能協會（ Association for the Advance of Artificial Intelligence, AAAI）主辦的年度會議，該協會是全球人工智能領域的重要學術組織之一。

而中國論文投稿數量和接收數量雖然佔有很大優勢，但論文錄取率僅為 15.8%。

另外，在 AI 人才投入方面，中國尚處於積累階段。根據清華大學 2018 年 7 月發佈的《中國人工智能發展報告 2018》，截至 2017 年，中國的國際人工智能人才[1] 投入量達到 18 232 人，佔世界總量的 8.9%，僅次於美國的 13.9%。高校和科研機構是人工智能人才的主要載體，清華大學和中國科學院成為全球人工智能人才投入量最大的機構。但是，我國的傑出人工智能人才[2] 僅有 977 人，不及美國的五分之一，排名世界第六。

中國政府及高校、科研院所已經開始採取措施，為未來中國人工智能發展進行多層次人才儲備。2018 年 1 月，教育部召開發佈會，將人工智能、物聯網、大數據處理正式劃入高中新課標。2018 年 4 月，我國第一本面向高中學生的人工智能教材——《人工智能基礎（高中版）》正式出版。

---

1 「國際人工智能人才」在報告中定義為：具備從事領域創造性勞動的研究能力與專業技術知識，並在人工智能領域內取得創新成果的活躍研究人員。其中，取得創新成果是指公開發表過專利或英文論文；活躍是指近 10 年有創新成果產出。
2 此處「傑出人工智能人才」指研究能力領先的國際人工智能人才。具體定義參見《中國人工智能發展報告 2018》第 27 頁。

　　2019 年 3 月，教育部印發通知，公佈了 2018 年度普通高等學校本科專業備案和審批結果。人工智能專業被列入新增審批本科專業名單，全國共有 35 所高校獲首批建設資格。除了人工智能本科專業外，也有不少高校獲批設立「機器人工程」「數據科學與大數據技術」「大數據管理與應用」等相關專業。

　　人工智能企業也正通過與研究型大學共建聯合實驗室、研究院、研究中心等方式加速人工智能產學研一體化和高水平人才成長。這方面一個生動的例子就來自微軟亞洲研究院。亞研院心態開放，與中國高校和科研機構廣泛建立合作夥伴關係，開展高水平合作研究。截至 2019 年中，亞研院已經與國內 10 所一流大學建立了聯合實驗室，其中 8 個已通過教育部審批，並被納入「教育部重點實驗室」管理體系；同時已經支持 300 餘項高等教育教學內容與課程體系改革項目，惠及中國 200 餘所高校的數千萬師生。2019 年年初，微軟因長期對中國教育界的卓越貢獻，連續第 13 年榮獲教育部最佳合作夥伴獎。

　　學術方面，截至 2019 年中微軟亞洲研究院已公開發表論文 5 000 餘篇，50 多篇榮獲高水平會議或期刊「最佳論文獎」。微軟 AI 發力點是聯合公司內部產學研力量，從基礎設施（雲計算）、服務（語音、語言等）、應用（Office）和媒介四大方向發力，亞研院貢獻了極大的研究力量，計算機視

覺、機器閱讀理解、機器翻譯等是其主攻方向，下面是近年該院的幾項突出成果。

● 2018 年，亞研院參與開發的機器翻譯系統，在通用新聞報道測試集 newstest 2017 的中－英測試集上達到可與人類媲美的水平，成為首個在新聞報道翻譯質量上可比肩人類的翻譯系統；

● 2018 年，亞研院開發的系統在斯坦福大學發起的文本理解挑戰賽 SQuAD 中，取得了單輪問答媲美人類成績的突破，這是計算機首次全面超越人類在 SQuAD 數據集上的表現；

● 2019 年 4 月，亞研院在 WMT2019 國際機器翻譯大賽中以八項第一成為冠軍。

更重要的是，在將技術轉化為產品的過程中，微軟的智能雲 Azure、Office 365、微軟小冰、必應搜索、HoloLens 等多款產品都用到了亞研院的研究成果。

從人才培養成果來看，亞研院 7 000 多位院友中，超過 55 位獲得 IEEE 會士、ACM 會士、千人計劃等榮譽；超過 110 位參與創業，其中一部分擔任中國大型互聯網企業的 CEO、CTO 等重要職務，還有一部分創立了知名獨角獸公司；超過 200 位院友在頂尖高校執教。另外，來自清華大學、北京大

學、上海交通大學、中國科學技術大學（以下簡稱中科大）等
300 多所高校和科研機構的 6 000 多名學生曾在亞研院實習，
其中很多人憑藉實習成果在國際學術期刊和會議上發表了論
文。這種與學術界、產業界均緊密聯繫的方式，非常有利於人
才的培養和集聚，也有利於創新環境的構建。很多微軟亞研院
培養出來的人才，已經成為當今人工智能學術界以及產業界創
新發展的中堅力量，為該院贏得了「IT 界黃埔軍校」「人工智
能界黃埔軍校」的讚譽。

1.4.2　中國的人工智能企業和技術開發及應用

　　從企業層面來看，中國 AI 企業要想走到世界前列，需要
極其強大的技術支撐，同時，當前的市場環境是否能提供其成
長需要的「沃土」也很重要。

　　中國 AI 企業目前已取得了若干技術研發上的突破，湧現
出了一批有相當實力的人工智能企業，如芯片領域有華為海
思、寒武紀等企業，算法和綜合領域有百度、騰訊、阿里巴巴
等企業，智能語音領域有百度、科大訊飛等企業，計算機視覺
領域有商湯科技、曠視科技等企業。越來越多的高科技企業
涉足 AI 領域，到目前為止，中國已初步建立了完整的人工智
能產業鏈。其中，華為的手機芯片在某些方面世界領先，麒麟

980 芯片是全球第一塊 7nm 工藝製程 SoC（System on Chip，片上系統），而其巴龍 5G01 芯片則是全球首款 5G 商用芯片。2018 年，科大訊飛在語音合成、語音識別、機器翻譯和圖像識別等領域贏得了 12 項國際權威賽事的桂冠。

　　中國人工智能企業在技術上雖然已擁有位居世界前沿的成績，但相比國際科技巨頭，研發投入仍相對較少。2019 年 1 月，歐盟委員會發佈《2018 年歐盟工業研發投資排名》（*The 2018 EU Industrial R&D Investment Scoreboard*），對全球 46 個國家和地區的 2 500 家公司在 2017—2018 年度的研發投入情況進行了匯總。全球研發投資排名第一的是三星，第二是谷歌母公司 Alphabet，第三是大眾。唯一進入前十的中國公司是華為，排名第五，超過了蘋果和英特爾，並且超過了「BAT」的總和。但榜單前五十僅有華為一家中國公司上榜。在 2500 家公司總計 7 364 億歐元的研發投入中，來自中國公司的佔比僅為 9.7%，排名低於美國（37.2%）、歐盟（27.2%）、日本（13.6%）。可見中國公司的研發投入仍然偏低，增長潛力巨大。

　　儘管美國是全球人工智能學術與產業的探索者和領導者，但中國在市場環境上卻有着得天獨厚的優勢。人工智能實現應用落地的關鍵是速度、執行、產品質量、數據和政府

支持，在這些方面，中國企業不輸美國。人工智能應用的普及、相關產業的推廣規模與速度在較大程度上由企業所在國家的市場潛力決定。中國龐大的消費市場是發展人工智能的核心競爭力之一。在 2016 世界人工智能大會上，筆者所創立的新智元平台正式發佈《中國人工智能產業發展報告》，分為產業篇、技術篇和應用熱點篇等部分，為當時中國人工智能的發展描繪了清晰的全景圖。安信證券在 2017 年 6 月 30 日發佈的報告《人工智能：產業已至，趨勢向前》中指出，在市場規模上，中國人工智能產業具有四大特點：第一，傳統企業的軟件應用基礎薄弱，若引入人工智能則可實現跨代升級；第二，AI 應用基礎薄弱，工業偏向流水線程度較高的勞動密集型行業，這些行業都非常需要人工智能；第三，人口和產業眾多，足以消化人工智能各個領域的細分市場；第四，龐大的市場有充足的數據來訓練人工智能。

從以上四點來看，中國的人工智能產業在數據資源和應用場景方面都佔有很大優勢。

在數據資源上，安信證券指出，中國龐大的人口基數和廣泛的互聯網覆蓋提供了任何國家都難以企及的數據量優勢。在數據訓練方面，中國可以以較低的數據標註成本快速培訓大量人才進行數據標註工作。

　　在應用場景上，中國巨大的消費市場可以促使細分領域獲得足夠的成長，人工智能可應用於智慧金融、智慧醫療、智慧教育、無人駕駛、機器人、智能家居、智慧農業、休閒娛樂等細分領域。在中國巨大的市場規模下，人工智能細分行業目前仍處於藍海態勢，企業有足夠的成長空間。中國龐大的消費市場為人工智能產業提供了海量的數據和應用場景，市場反哺也有望加快人工智能的升級迭代。

　　2019 年 5 月，互聯網數據中心（Internet Data Center，IDC）最新發佈的《中國人工智能軟件及應用（2018 下半年）跟蹤》報告顯示，2018 年中國人工智能市場規模達 17.6 億美元，2023 年將達到 119 億美元。2018 年中國人工智能解決方案已經佔到全球市場的 9%。但具體到落地層面，中國市場與發達國家市場仍有較大差距：中國市場目前以單點技術的單點任務型應用為主，而發達國家市場更為看重實現某一事件或者某一流程的自動化，如自動駕駛技術。

　　若想在中長期取得人工智能競爭的真正勝利，中國市場需要從數據資源開始就做好充分準備，從底層基礎硬件到上層應用軟件，從技術創新到產品生產再到應用部署等各個環節均需苦練內功，上中下游產業也需要緊密合作，以應對多變複雜的市場環境，真正利用人工智能賦能企業、造福社會。在當

前人工智能的技術革命和國際競賽中，誰先取得技術優勢地位，誰就將擁有先發競爭優勢。

1.4.3　以奮鬥迎接挑戰

中國之所以能在人工智能第三次浪潮期取得一定的成果，邁入發展較好的國家行列，離不開該領域中無數專家幾十年如一日的奮鬥和心血。筆者過去 5 年也親自見證了這場「馬拉松賽跑」中許多人的奮鬥歷程，「中國智能車未來挑戰賽」就是其中一個縮影。

2014 年的「中國智能車未來挑戰賽」是當時中國智能車領域最高級別的賽事。筆者在江蘇常熟的挑戰賽現場親耳聽挑戰賽的總裁判長王飛躍教授描述了他經歷過的驚險場景：一輛參賽的無人車，在終點撞倒了一排樹，而且，還接着撞到一位常熟市科技局的幹部——所幸沒有撞傷。（大概是因為無人車比賽限速每小時 40 千米，一旦超速就罰 100 分，時速超過 45 千米就立即罰下賽場，在抵達終點時也會減速的緣故。）

而筆者也目睹在場的科研人員，包括年屆七旬的中國工程院院士李德毅和小他幾歲的中國工程院院士鄭南寧，就在現場近距離觀察、乘坐，冒着風險追求他們的「智能車」之夢，

讓人不能不由衷敬佩。而比賽的背後，又有多少次不為人知的試錯和失敗，才能換來「智能車」技術的進步！

　　李德毅院士介紹：智能車挑戰賽是國家自然科學基金委的一個項目，國家在十二五期間撥出 2 億元經費，調動六七所大學和科研單位在此期間研發無人車，挑戰賽則用來進行成果展示。作為國家自然科學基金委員會重大研究計劃的重要組成部分，「中國智能車未來挑戰賽」創辦於 2009 年，其目的是通過真實物理環境中的比賽來交流和驗證我國「視聽覺信息的認知計算」研究進展和成果，搭建具有自然環境感知與智能行為決策能力的無人駕駛車輛驗證平台，從而產生能滿足國家重大需求並具有原創性的重大研究成果。

圖 1.5
王飛躍教授、李德毅院士和中國指揮與控制學會秦繼榮祕書長（從左到右）

　　鄭南寧院士在現場告訴筆者，智能車是為人服務的，要想讓實驗室的研究成果走向真實世界，一定要在真實的交通環境下進行檢測。

　　「中國智能車未來挑戰賽」第一次比賽的時候，專家們甚至可以跟在車後面走；第二次比賽就是跟在車後面小跑了，大概一小時 7 千米的速度。他回憶道：第一次比賽只有 7 輛車，其中一輛是邀請來的國外表演車，國內有兩輛還不能動，沒有比賽。賽場是酒店的一個場地，外加野外 3 千米賽道。到 2014 年的第六屆，已經有 22 個車隊參賽，除九宮格城市道路外，綜合賽道長達 14.5 千米。

　　中國的人工智能事業，就像挑戰賽中的智能車一樣，從蹣跚前行，到風生水起，經歷了無數的艱難困苦，有無數像上述專家一樣默默奉獻的學術界和產業界人士付出他們的聰明才智和畢生心血。正是他們，保障了中國人工智能事業的光明前景。

1.5　政策支持下，中國人工智能駛入快車道

　　2019 年 5 月 16 日，兩場重量級人工智能大會同期開幕，國家主席習近平向這兩場大會分別致賀信。

對在北京舉辦的國際人工智能與教育大會，國家主席習近平指出：

人工智能是引領新一輪科技革命和產業變革的重要驅動力，正深刻改變着人們的生產、生活、學習方式，推動人類社會迎來人機協同、跨界融合、共創分享的智能時代。把握全球人工智能發展態勢，找準突破口和主攻方向，培養大批具有創新能力和合作精神的人工智能高端人才，是教育的重要使命。

習近平強調：

中國高度重視人工智能對教育的深刻影響，積極推動人工智能和教育深度融合，促進教育變革創新，充分發揮人工智能優勢，加快發展伴隨每個人一生的教育、平等面向每個人的教育、適合每個人的教育、更加開放靈活的教育。中國願同世界各國一道，聚焦人工智能發展前沿問題，深入探討人工智能快速發展條件下教育發展創新的思路和舉措，凝聚共識、深化合作、擴大共享，攜手推動構建人類命運共同體。

對在天津舉辦的第三屆世界智能大會，國家主席習近平

在賀信中指出：

當前，由人工智能引領的新一輪科技革命和產業變革方興未艾。在移動互聯網、大數據、超級計算、傳感網、腦科學等新理論新技術驅動下，人工智能呈現深度學習、跨界融合、人機協同、群智開放、自主操控等新特徵，正在對經濟發展、社會進步、全球治理等方面產生重大而深遠的影響。中國高度重視創新發展，把新一代人工智能作為推動科技跨越發展、產業優化升級、生產力整體躍升的驅動力量，努力實現高質量發展。

舉辦世界智能大會，旨在為世界智能科技領域搭建一個交流合作、共贏共享的平台。希望大家圍繞「智能新時代：進展、策略和機遇」的主題，深化交流、增進共識、加強合作，推動新一代人工智能健康發展，更好造福世界各國人民。

從這兩封賀信可以看出，國家高度重視人工智能，將其視為推動中國發展的驅動力量，並大力支持人工智能發展，以推動相關產業實現跨越式發展。無論是自身發展需求，還是應對當前國際形勢，都要求中國勇立新潮頭，大力發展人工智能以促進經濟發展，而人工智能突飛猛進的發展也離不開國家的前瞻支持。

其實，人工智能自 2016 年起就已得到國家戰略層面的重視。2016 年 5 月，國家發展和改革委員會、科學技術部（以下簡稱科技部）、工業和信息化部（以下簡稱工信部）、中央網信辦聯合發佈《「互聯網＋」人工智能三年行動實施方案》，明確提出到 2018 年國內要形成千億級的人工智能市場應用規模。方案確定了六項保障措施，包括資金支持、標準體系、知識產權、人才培養、國際合作和組織實施。方案樹立了如下實施目標：到 2018 年，打造人工智能基礎資源與創新平台，人工智能產業體系、創新服務體系、標準化體系基本建立，基礎核心技術有所突破，總體技術和產業發展與國際同步，應用及系統級技術局部領先。《「十三五」國家戰略性新興產業發展規劃》更指出，要加快人工智能支撐體系建設，推動人工智能技術在各領域應用。隨後，相關政策進入爆發期，我國人工智能的發展進入快車道。

2017 年 7 月，國務院發佈《新一代人工智能發展規劃》，明確指出新一代人工智能發展三步走的戰略目標，2030 年使中國人工智能理論、技術與應用總體達到世界領先水平，成為世界主要人工智能創新中心。

2017 年 12 月，《促進新一代人工智能產業發展三年行動計劃（2018 — 2020 年）》發佈，對同年 7 月發佈的《新一代

人工智能發展規劃》進行了補充，詳細規劃了人工智能在未來三年的重點發展方向和目標，對各方向的目標都做了細緻的量化。

2017 年，「人工智能」被首次寫入政府工作報告，繼續助力中國智能製造。國務院總理李克強在政府工作報告中指出：

加快培育壯大新興產業。全面實施戰略性新興產業發展規劃，加快新材料、新能源、人工智能、集成電路、生物製藥、第五代移動通信等技術研發和轉化，做大做強產業集群。

2018 年，「人工智能」再次被政府工作報告提及：

做大做強新興產業集群，實施大數據發展行動，加強新一代人工智能研發應用，在醫療、養老、教育、文化、體育等多領域推進「互聯網＋」。加快發展現代服務業。發展智能產業，拓展智能生活，建設智慧社會。

2019 年，「人工智能」第三次出現在政府工作報告中。值得注意的是，國務院總理李克強在政府工作報告中指出要「打造工業互聯網平台，拓展『智能＋』，為製造業轉型升級賦能。」

這是「智能＋」第一次出現在政府工作報告中。作為國家戰略的人工智能正在作為基礎設施，逐漸與產業融合，加速經濟結構優化升級，對人們的生產和生活方式產生深遠的影響。

2019 年政府工作報告中的「智能＋」出現在推動傳統產業改造提升部分：

打造工業互聯網平台，拓展「智能＋」，為製造業轉型升級賦能。支持企業加快技術改造和設備更新，將固定資產加速折舊優惠政策擴大至全部製造業領域。強化質量基礎支撐，推動標準與國際先進水平對接，提升產品和服務品質，讓更多國內外用戶選擇中國製造、中國服務。

在國家政策的支持與引導下，中國人工智能快速發展，國內 AI 企業獲得了巨大助力與開放環境，更有底氣奮力前行。

然而，國外 AI 企業一定程度上已經在起跑線上領先。2015 年，谷歌公司開源了其內部使用的機器學習軟件庫 TensorFlow，隨後各大國際巨頭掀起一陣「開源風潮」，人人可以隨手獲取「免費原材料」的時代似乎來臨了。但這對於我國 AI 行業發展而言，卻埋藏着巨大隱患。

　　對於這種企業間生態系統的構建，國家政府層面很難進行控制與干預。開源會引導技術發展的方向、路線，形成開源生態，創造商業模式。這一過程中影響力最大的仍是那些進行開源的國際 AI 巨頭，它們掌握更大的權利。如果中國企業過度依賴目前的 AI 開源平台，對大量「隨手可得」的源代碼進行二次創新及技術改進，就可能落入國際 AI 巨頭的計劃之中。一旦這些巨頭對開源項目進行限制，國內人工智能行業必將受到巨大衝擊。同樣，底層技術積累薄弱等問題，短期之內也很難通過國家政策扶持來解決，仍需要很長時間的積累與沉澱。

　　目前，中國人工智能更重視應用技術，而輕視基礎理論，底層技術積累薄弱，會導致「頭重腳輕」等結構不均衡問題。因此，國務院總理李克強在 2019 年政府工作報告中指出，要：

　　提升科技支撐能力。加大基礎研究和應用基礎研究支持力度，強化原始創新，加強關鍵核心技術攻關。抓緊佈局國家實驗室，重組國家重點實驗室體系。完善重大科技項目組織管理。健全以企業為主體的產學研一體化創新機制，支持企業牽頭實施重大科技項目。加快建設科技創新資源開放共享平台，強化對中小企業的技術創新服務。擴

大國際創新合作。全面加強知識產權保護，健全知識產權侵權懲罰性賠償制度，促進發明創造和轉化運用。

　　相比其他產業，人工智能仍屬於新興科技，這些問題還來得及解決：從國家層面洞悉人工智能發展態勢，重點突破基礎領域，針對人工智能底層技術，加強以深度學習為代表的底層算法模型的深入研究，積極佈局影響人工智能未來發展的前沿基礎理論研究。

第二章

人工智能就在我們身邊

　　人工智能產業蓬勃發展，技術領域不斷突破，其浪潮席捲整個社會，成為代表未來時代發展的大課題。基於大數據、深度學習、雲計算等技術的綜合應用而迅速成長壯大的人工智能，正在從衣食住行到教育娛樂等方方面面深刻地影響着人類社會。

　　科技照進生活，科幻電影中曾經出現過的智能生活如今正在一步步走出熒幕，變成現實。人工智能以多種形式「飛入尋常百姓家」：從讓購物更加方便快捷的無人超市到讓出行愈發容易的自動駕駛汽車，從認真執行指令的智能語音助手到幫你分擔家務的智能家居機器人，從辦公寫字樓內的「刷臉」打卡到減少排隊的智能政務系統……如今，從實驗室中誕生的 AI 技術與理論就像阿拉丁神燈中那位法力無邊的精靈一樣，「變身」成人們生活中熟悉的模樣，神奇地出現在你身邊，無時無刻不在影響着人們的生活。

2.1　計算機視覺：讓智能手機攝像頭變成明亮的雙眼

　　手機是目前承載人們數字化生活與工作的重要工具，智能手機或許會是 AI 未來最大的應用場景之一。在所有的 AI 技術中，最直觀且最頻繁被使用的技術之一就是計算機視

覺。這項技術應用在智能手機中，讓手機的攝像頭升級為明亮的雙眼，具備了敏銳的智能識別能力：可以實現人臉識別與認證以保護用戶安全，AI 攝影更可為人們增添生活體驗與藝術分享的樂趣。

下面藉助幾個虛擬的人物，來剖析搭載了 AI 技術的智能手機在人們日常生活中的幾個常見應用場景。

2.1.1 智能識別、認證與搜索，手機變身聰明小助理

4 月的一天，李立坐在會議室裏，手機震動了兩下——有信息來了，他低頭瞄了一眼手機，手機迅速識別出他的臉，解鎖成功。儘管從解鎖時的角度來看，李立是有雙下巴的，但手機依然能通過靈敏的人臉識別系統快速地識別出他的面孔。

開完會後，到了吃午飯的時間，但「吃什麼」這個永恆的問題並沒有困擾到他。李立最近正在健身，飲食方面需要配合。他看着同事們一起相約去吃湘菜的背影，歎了口氣，默默點開了外賣軟件找到他經常吃的那家沙拉店，點了一份沙拉外賣，跳轉到支付頁面時，他舉起手機看了眼攝像頭，無須輸入密碼，通過刷臉就完成了支付。

沒過一會兒，他的外賣送到了，打開外賣後，他又拿出手機，打開攝像頭，對準外賣盒子裏的菜，旁邊的同事忍不

住湊了過來：「小李，都是綠油油的蔬菜，有什麼好照的呢？」李立無奈地笑着說：「不是的，王姐，我在計算這些食物的熱量，只要打開手機相機，對準食物，食物的熱量值便能顯示在屏幕上，」他接着歎了口氣說：「防止我吃太多。」隨後，李立拿着手機對準了外賣盒子裏的小番茄，不到兩秒，屏幕上就顯示出了食物名稱和對應的熱量值。

「給我看看，給我看看，我的蛋炒飯能檢測出來嗎？」王姐也來了興致，把她那份吃了一半的蛋炒飯端到了李立面前。李立笑道：「當然可以的，一些簡單的中餐都可以測出來，之前我還拿手機掃過宮保雞丁！」

結束一天的工作，下班回家看電視劇時，李立發現劇中男主角的衣服很符合自己平時的通勤需求，他想要買一件同款的。當電視畫面出現男主角的近景時，他趕緊拿出手機對着電視一拍——清楚地拍到了男主角的上衣。李立打開淘寶 App，利用「拍立淘」功能將照片上傳，系統掃描後鎖定了這件上衣，隨後，淘寶推薦了所有相似款式的衣服鏈接。在貨比三家後，李立最終下單了他想要的「男主同款」上衣。

從表面上看，是由手機中的前後兩個攝像頭幫助李立完成了手機解鎖、支付、測量食物熱量以及網上搜索購物等任務，而事實上，完成這些任務的並非這兩個攝像頭，而是手

機中的計算機視覺技術——圖像識別（包括人臉識別、物體識別等）。

如今最流行的人臉識別技術分為兩種：基於前置攝像頭的 2D 人臉識別和基於紅外投射的 3D 結構光人臉識別。人臉識別技術已經在智能手機中得到廣泛應用，通過高效的人臉識別算法，手機可以實現毫秒級的人臉解鎖和「金融」級的人臉支付。前者為用戶帶來便利，後者則保護用戶的資金安全。

傳統的個人身份驗證手段，如口令密碼、身份證件等方式，均具有與身份人的可分離性，偽造、盜用等現象常有發生，無法滿足人們從事經濟活動和社會安全防範的需要。通過深度學習技術，人臉識別可以精準判斷用戶的真實性，並通過相關算法有效鑒別利用照片、視頻等進行欺騙的行為。

2018 年開始流行的物體識別被稱為智能手機中的智慧視覺功能。物體識別是通過模仿人眼對事物的視覺感知系統，利用多種深度學習算法完成上百種食物的識別和分類，從而實時獲取並準確顯示出各種食物的熱量值。

2.1.2　AI 手機攝影：替代專業攝影機，將月亮拉到你手中

陳寒今年 30 歲，是一名攝影愛好者，不久前剛迎來一件喜事——他結婚了。陳寒的攝影裝備可謂專業級別，他和妻

子宋彥正是因為攝影結緣：在一次野外徒步活動中，陳寒把拍攝的景色照片發在微信群裏，一下子就吸引了宋彥。

最近，他們選擇去西藏蜜月旅行，因為他們聽說被稱為西藏「三大聖湖」之一的納木錯景色很美，夜晚在湖邊賞月會發現這裏的月亮和星星比很多地方都要明亮清晰。

除了想拍出美麗清晰的月色，陳寒還身兼新婚妻子的私人攝影師——拍出既有質感又有風格的照片。不過這次，宋彥發現陳寒並沒有帶全副武裝的攝影裝備，只帶了新入手的智能手機。正當宋彥納悶時，陳寒搖了搖手機說：「放心吧，有了這部手機，相當於帶了專業單反，外加一副天文望遠鏡。」

在旅行中，這部有着 AI 技術加強攝像功能的智能手機果然帶來了愉快的攝影體驗：在 50 倍數碼變焦下，月亮的邊緣非常清晰甚至能看到表面的斑駁，不再只是以往手機照片中邊緣模糊的一個小亮點。輔助 50 倍數碼變焦的還有暗光攝影夜間成像技術——手持夜拍、AI 防抖，除了月亮與星空，夜色中遠處的高山也拍得非常清晰。

另外，妻子的私人攝影師這一「職務」，陳寒也履行得非常成功：拍攝特寫時，AI HDR＋機器學習技術讓逆光照片變得十分清晰，虛實分明——人實而景虛，堪稱封面級大片。

除了拍攝照片外，陳寒還為宋彥錄製了一段唯美視頻。

基於強大的 AI 芯片，錄製的視頻可以在手機上進行實時處理，實現背景色分離：宋彥當時身穿一襲紅衣在湖邊奔跑，智能手機實時識別出宋彥的身影，僅保留了宋彥身上的顏色，背後的景色均變成黑白色調，整個視頻畫面唯美且風格鮮明。

AI 早已成為廠商改善用戶手機體驗的一大發力點，而攝影則是其重要專攻方向。此前，計算機視覺技術僅用於手機自拍時的美顏濾鏡，以及利用 AI 算法對環境光線和面部特徵進行針對性優化。而如今，隨着計算機視覺技術和智能硬件的不斷升級，智能手機 AI 攝影為人們帶來了更多的樂趣，專業攝影的門檻也在降低——人人都能拍出高清的月亮照片。

2.1.3　AI 芯片讓智能手機睜開「雙眼」

如果手機能把所有最強悍的 AI 功能集大成，無疑將成為一個強大的信息數據流處理樞紐和終端出入口。要建立起這樣一個智能終端樞紐和出入口，則離不開芯片。

以「清晰拍攝」月亮的強悍攝影功能為例，華為 P30 就可以做到。而華為 P30 手機之所以有如此強大的 AI 攝影功能，與其芯片有着密不可分的關係。華為 P30 搭載的麒麟 980 芯片於 2018 年下半年發佈，是全球首款商用 7nm 手機芯片。這是什麼概念？一根頭髮絲直徑約為 0.1mm，而 7nm 相當

於頭髮絲的萬分之一，可見其工藝難度之大。同上一代基於10nm 的麒麟 970 相比，麒麟 980 的性能至少提高了 20%，而功耗卻降低了 40%。

麒麟 980 發佈之初就創下了 6 個當時的世界第一：

● 全球最早商用的採用台積電 7nm 工藝製程的手機 SoC芯片；

● 全球首次實現基於 ARM Cortex-A76 開發的商用 CPU架構，最高主頻可達 2.6GHz；

● 全球首款搭載雙核 NPU 的手機芯片；

● 全球最早商用 Mali-G76 GPU；

● 全球最先支持 LTE Cat.21，峰值下載速率 1.4Gbit/s，為業內最高；

● 支持全球最快 LPDDR4X 存儲顆粒，主頻最高可達2133MHz，同樣為業內最高；

麒麟 980 搭載雙核 NPU，性能全面超越高通驍龍 845 和蘋果 A11。前面提到的食品熱量檢測、AI 攝影和實時進行視頻背景色分離等功能，都是由這樣的手機 AI 芯片在背後發力。麒麟 980 的 CPU 架構是全新設計的麒麟 CPU 子系統，由 2 個超大核（基於 Cortex-A76 開發）、2 個大核（基於Cortex-A76 開發）和 4 個小核（基於 Cortex-A55 開發）三檔能

效架構組成。其中，超大核的主頻達到 2.6GHz，用於處理急速任務；大核的主頻達到 1.9GHz，用於長時間的持續任務；小核的主頻為 1.8GHz，用於日常的使用。

華為消費者 BG CEO 余承東表示，從麒麟 980 最初的研發、IP 儲備到最終的商業化量產，華為用了 36 個月的時間。也就是說，在 3 年以前，麒麟 980 項目就已經啟動，其間華為投入了數千名資深半導體專家，進行了 5 000 餘次驗證和檢測。

至於麒麟 980 的研發費用，華為方面表示是「數億美元」，因為「芯片是滾動研發，很難界定具體的投入是多少」。而關於投入產出比，華為表示他們並未把芯片作為一門生意在做，而是更在意產品的競爭力。根據華為消費者業務發展情況，從品牌的形象塑造和產業影響力來看，麒麟系列芯片的投入是「非常值得的」。

目前，智能手機的競爭本質上是人工智能芯片和與 AI 軟件系統融合的終端計算能力之爭，華為、蘋果、谷歌、三星等公司都推出了手機 AI 芯片，智能手機間的 AI 技術角逐也到了白熱化階段。可以說，人工智能技術的十八般武藝都蘊藏在小小的智能手機裏面，誰能造出性能強大的 AI 芯片，誰就擁有手機的智能化未來。期待將來有越來越多的中國芯片公司能夠在手機芯片領域位居世界前列。

2.2　讓機器擁有聽覺：智能語音交互打開智能生活的入口

除了讓機器擁有視覺外，另一項人工智能技術——智能語音交互技術讓機器擁有了聽覺，機器可以聽懂「人話」、做出反應，實現語音層面的人機交互。

2.2.1　最實用的人工智能入口：智能語音交互

如果將人工智能比作一頂皇冠，那麼語音和語言技術則是這頂皇冠上的明珠之一。智能語音交互是當下最實用的人工智能入口——在很多場景下，機器能夠「聽懂」人話。

2018 年 11 月 30 日，2018 中國語音產業聯盟年會在上海召開。工信部信軟司領導參加大會並致辭，指出智能語音是最早落地的人工智能技術。未來，人機語音交互是必然趨勢。

事實上，人們對智能語音交互並不陌生，智能語音交互已經成為現代生活的重要組成部分，通常以智能語音助手的形式出現在手機中成為人們的生活助手，或者嵌入硬件變成語音音箱成為人們休閒娛樂的一部分，抑或升級為智能翻譯機在出國旅行時幫助我們解決溝通難題。

從技術角度來講，智能語音交互究竟是什麼？阿里雲官方給出的定義是：智能語音交互（Intelligent Speech Interaction）

是基於語音識別、語音合成、自然語言理解（自然語言處理）等技術，在多種實際應用場景下，為用戶提供產品「能聽、會說、懂你」的智能人機交互體驗。

語音識別最開始被簡單理解成機器的聽覺系統，先從語音轉變成相應的文本，然後轉化成機器可以識別的信號。在20世紀70年代早期及以前，語音識別採用的是非常傳統的人工智能技術，如專家系統。直到隱馬爾可夫模型的出現——使用統計語言模型進行統計語音識別，智能語音才有了極大的進步。隨着深度神經網絡的發展，帶有時間戳的循環神經網絡出現，先進AI技術的賦能讓語音識別逐漸達到人類水平。根據《中國經營報》的報道，在第五屆世界互聯網大會上，中國AI企業科大訊飛表示，在安靜的環境中，科大訊飛的機器人將口語（此處指漢語）轉為文字，準確率可達到98%以上，已超過人類的平均水平，語音識別不再是瓶頸。

然而，「聽清楚」並不等於「聽明白」，語音識別可以將語音轉化成正確的文本，但要正確理解文本傳遞的意思則需要依靠自然語言處理技術。和語音識別一樣，隨着人工智能深度學習技術的突破，自然語言處理也有了革命性的突破。深度神經網絡技術的出現，有望解決此前自然語言處理中遇到的所有問題：詞語切分、詞性標記、實體命名識別、目標提取等。正

是因為語義理解獲得了突破性進展，我們今天才能夠享受到諸如「天貓精靈」「小度在家」「小愛同學」等良好的產品體驗。

　　當語音識別與語義識別兩大技術難關被攻破後，將開啟一個全新的智能世界。智能語音交互技術可以減少語言障礙，減少溝通障礙，減少理解障礙，從而改善每個人的生活，讓世界變得更加美好。智能語音交互技術在我國日常生活中已經實現落地應用，下面通過幾個虛擬人物來了解相關技術是如何在生活中幫助人們的。

2.2.2　從生活到工作，無處不在的智能語音助手

　　28 歲的朱明是一位科技迷，科幻電影是他的最愛，最一線的科技產品他都想要試一試。在他看過的科幻電影中，最吸引他的角色是漫威出品的《鋼鐵俠》中的智能管家「賈維斯」，那位通過語音交流就能幫主人安排好一切的貼心智能管家。而如今，他的嚮往正在一點點地變為現實——隨着智能語音交互技術的進步，擁有自己的「賈維斯」正在變為可能。

　　每天清晨，鬧鈴響後，朱明一邊走向洗手間準備洗漱，一邊大聲喊：「小樂同學，今天溫度是多少？」他喊的「小樂同學」是一台智能語音音箱。2018 年智能語音音箱大熱，迷戀科技的朱明決定買一台體驗一下。這台音箱和傳統的音箱

不同，可以和它聊天，可以給它下達指令。在早晨詢問完天氣狀況後，小樂同學會告訴他當天的天氣和穿衣指數。根據小樂同學所給的建議，朱明穿好衣服離開住所，開始了一天的工作。

　　朱明是一名金融從業者，平時會接觸很多海外業務。這些業務通常都是以郵件的方式溝通，在地鐵上，朱明就已經開始處理當天的工作。他對着手機說：「Lucy，幫我查詢一下郵箱。」話音剛落，手機頁面就彈出了他的郵箱界面。

　　Lucy 是朱明手機中智能語音助手的名字，他只需按住 Home 鍵然後呼喊 Lucy 就可以喚醒這名助手。在處理業務時需要查詢股票實時價格，朱明繼續呼喚：「Lucy，查詢一下今天阿里巴巴和騰訊的股價。」

　　手機立刻用語音回答「幫您在網頁中找到了關於今日阿里巴巴和騰訊股價的信息……」，手機頁面同時彈出了一個搜索界面，上面顯示了阿里巴巴和騰訊的實時股價。介紹完畢後，手機恢復到郵箱界面。在朱明一天的工作中，智能語音助手幫了他不少忙：查詢聯繫人、搜索航班信息等。

　　當朱明晚上回到家後，他接着呼喚：「小樂同學，放一首舒緩的音樂。」小樂同學播放一首鋼琴曲，讓朱明放鬆一下，消除工作一天的疲憊。除了金融從業者這一身份，朱明還是

一名單身的「北漂」，這台會和他聊天交流的智能音箱緩解了他不少孤單的情緒。臨睡覺前，朱明打開手機，喚醒 Lucy：「Lucy，設定明早 7 點半的鬧鈴。」伴隨着智能手機溫柔體貼的回應，朱明一天的生活也進入了尾聲。

智能語音交互已經把貼心服務的夥伴帶入了人類的日常生活。此前，人與手機只是通過觸摸、滑動交流，當技術迭代革新後，AI 語音助手開始被安裝到手機裏，手機與人的交互形態也多了語音這一人性化的界面。如今，很多手機廠商都配備了各自的智能語音助手：蘋果的 Siri、華為的小 E、小米的小愛同學、vivo 的 Jovi、OPPO 的 Breeno 等。

除智能手機上的語音助手外，新型智能硬件更加吸引年輕人的注意，智能音箱的銷量已突破了千萬級。隨着現代生活方式的改變，年輕一代的消費者開始對智能硬件提出全新的要求，他們希望硬件產品變得更加智能、更加方便，也更加柔性。

通過智能語音助手或者搭載了智能語音助手的智能音箱，人機交互方式變得更加方便和高效，比起鼠鍵操控、觸摸屏操控等傳統的物理操控方式，語音控制使人機交互變得更加省時省力、更加經濟高效。每個人都可以隨時隨地享受智能祕書的服務。

2.2.3　通曉多國語言，智能翻譯機助你周遊世界

隨着人民生活水平的提高，我國出境旅遊人數逐年增長，但語言溝通問題是橫在很多遊客面前的一道坎兒。不同國家或地區之間語言不通，不同省份地區也有各自的方言。一個人想要精通兩門語言已經是很困難的了，想要精通 50 門語言，則幾乎是不可能的。而人工智能技術，尤其是智能語音技術的發展，使不同語言之間的溝通變成可能。

如今，各大人工智能公司爭相推出智能翻譯機，這種智能翻譯機利用神經網絡機器翻譯、語音識別、語音合成、圖像識別、離線翻譯以及四麥克風陣列等多項人工智能技術，最多可以實現中文與 50 種語言間的即時互譯，覆蓋近 200 個國家和地區，並且可以實現響亮的外放，讓對方聽得更清楚。

57 歲的周英女士退休後愛上了自由行，在遊遍了祖國的大江南北之後，她把新的旅遊目的地鎖定在了境外，但想起語言不通這件頭疼事，她的旅遊熱情就被澆滅了一半：在她上學的時候，英語教育並不普及，如今年齡大了，記憶力、學習能力都大不如從前，熟練掌握英語只能當成夢想了，更何況她想去旅遊的國家並不僅限於英語國家。

2019 年 5 月，周英的女兒張麗為她購買了市面上新出的一款智能翻譯機，外形和手機相似，很小巧，還配有一塊 3 英

吋（1 英吋約等於 2.54 厘米）左右的觸摸屏幕，可以拿在手裏或者掛在脖子上，同時支持上網功能。這款智能翻譯機可以實現中文與 50 種語言的即時互譯，而翻譯時間只需要 0.5 秒。

張麗為媽媽演示如何使用時，周英的眼神中隱約透露出了不放心，在女兒詢問下，周英說道：「我是廣東人，平時講粵語講得比較習慣了，擔心普通話講得不夠標準，這個小機器聽不懂怎麼辦？」

張麗笑道：「這您就不用擔心了，廠商已經考慮到了這一問題，如今粵語也能直接翻譯成英文。您還可以把這個翻譯機推薦給你那些不會說粵語的朋友，普通話與粵語之間也能互相翻譯。」

一個月後，帶着這台智能翻譯機，周英和朋友們去了澳大利亞旅遊，據她會英文的朋友說，澳大利亞的英語口音和國內學習的英式英語和美式英語有不小的差別，即使這位朋友會講英語，也有些聽不大懂當地人說話。周英將她的智能翻譯機借給這位朋友使用，儘管導遊的英語帶着非常濃厚的當地口音，翻譯機照樣可以清楚識別，翻譯成標準的普通話。

除此之外，周英和朋友們還解鎖了翻譯機的新功能——拍照翻譯，每次點餐時對着菜單一拍，屏幕上就會出現實時翻譯的結果，看不懂國外菜單的尷尬也不復存在了。考慮到

我國是多民族、多語言、多方言的人口大國，如今市場上的智能翻譯機還可以實現維吾爾語與漢語、藏語與漢語之間的即時互譯。

事實上，對不同語言進行語音識別並進行翻譯，無疑比單純的語音識別技術更複雜，難度更高。基於深度學習的神經網絡翻譯機器的出現，讓機器翻譯有了跨越式的進步。

智能有兩個層次。第一個層次是真正的感知智能（Perceptive Intelligence），包括看、聽、聞的能力。第二個層次是認知智能（Cognitive Intelligence），即推理、學習和獲得知識的能力。目前取得的 AI 技術的突破，大多是在感知層面的，如語音識別、語音合成、計算機視覺等。據微軟全球技術院士、首席語音科學家黃學東介紹，智能語音翻譯實際上是介於感知智能和認知智能之間的一項技術，這項技術讓我們能夠真正在感知智能上取得成功，並擴展到認知智能。要把翻譯做到可以和人類媲美的水平，智能語音翻譯的成功是邁向認知智能的重要一步。

也正是隨着技術的不斷突破，智能語音交互技術成為最實用的人工智能入口，在如今追求快節奏、高效率的現代社會中，相關產品不斷進入我們的日常生活，對以往的生活方式產生了重要影響。對於工作生活中的一些瑣事，智能語音交互技

術能夠讓人的雙手「解放」出來並通過語音進行操作，達到事半功倍的效果。智能語音交互技術和相關產品也是目前各大廠商爭先搶奪的高地，相信未來會有更多的智能語音產品為人們帶來便利。

作為一門工具學科，人工智能除了視覺、語音等技術維度上的作用，對社會經濟最重要的是，它能夠跟許多行業和領域相結合來賦能生產，讓人們的生活變得更美好。下面我們從教育這個視角，來看看人工智能給教育帶來了什麼變化。

2.3　千年教育大國：人工智能引領中國未來

人工智能是未來的時代大課題，教育是每個家庭必須面對的重要課題之一，而人工智能對教育的影響極為深刻。

如前文所述，2019 年 5 月 16 日，北京舉辦了國際人工智能與教育大會，在給大會的賀信中，國家主席習近平強調：

「中國高度重視人工智能對教育的深刻影響，積極推動人工智能和教育深度融合，促進教育變革創新，充分發揮人工智能優勢，加快發展伴隨每個人一生的教育、平等面向每個人的教育、適合每個人的教育、更加開放靈活的教育。」

　　中國人口基數大，教育市場廣闊，作為國家百年大計，教育是科教興國、教育強國的國家戰略基礎。而作為人力智力密集型行業，教師人力資源分配不均一直是教育行業的核心問題之一。隨着 AI 技術在教育領域的普及應用，無論是學生的學習方式還是教師的教學方式都將有所改變。同時，隨着人工智能的興起，AI 技能的訓練和 AI 專業人才的培養乃至對 AI 興趣的培養也逐漸成為各類學校的重點發展方向之一，AI 人才的培養與儲備有利於為我國新一代人工智能發展提供戰略支撐。

2.3.1　課堂內外：人工智能賦能傳統教學

　　「人工智能 + 教育」的英文縮寫為 AIED（Artificial Intelligence in Education），指人工智能賦能教育行業。如今，人工智能技術已經落地到現實教育場景中，對教師和學生產生了重大影響，是一場從課上到課下、從學習方式到教學方式的深度變革，AI 的出現推動了個性化教育的大範圍實現，促使教育資源的分配更加優化均衡。

　　2019 年 3 月 13 日，教育部印發《2019 年教育信息化和網絡安全工作要點》，其中提到「推動大數據、虛擬現實、人工智能等新技術在教育教學中的深入應用」。在課堂授課方式上，AI 的介入更是為教師與學生提供了一片新天地。

　　AI 技術如何能更好地在課堂教學中應用，更好地輔助教師進行教學呢？根據新華網 2019 年 5 月 29 日的報道[1]，未來的化學課堂上將出現這樣的場景：老師利用「人工智能增強現實全科實驗台」進行化學試驗演示，與以往不同的是，這場化學試驗沒有用到任何化學試劑和化學儀器，因為這座實驗台是一款增強現實的產品，可以將教具、實訓環境、試驗課題等內容 3D 模塊化。根據系統的提示，將特製的卡片置於操作台上，屏幕上便會同步輸出對應的三維立體畫面。按照實驗操作步驟，屏幕上會將整個化學實驗生動地展現出來，且隨着實驗操作不斷出現相應的實驗效果。這種演示方式能夠讓學生更加直觀地了解不同的操作導致的不同實驗效果，在現實中不易操作的演示或者存在危險的演示，都可以通過這個實驗台展示給學生。

　　人工智能增強現實全科實驗台背後的原理是：通過建立互聯網雲平台，整合優質教育教學資源，打破地域限制，將課本電子化，把大型實驗器材濃縮成卡牌，把功能性實驗室整合到一張課桌裏。這些都是促進教育資源高效利用的「AI 實踐」，目的在於解決傳統課堂教育中教學資源不豐富、教學效

1　新華網 2019 年 5 月 29 日《傳統教育裏的「AI 實踐」——從訊飛幻境新產品應用説起》。

率低下等問題。

　　從學生的課下自主學習來看，目前人工智能應用到教育中的產品主要是智能教學系統。如今 AI 公司推出的「人工智能＋教育」產品主要致力於實現對學生的個性化輔導和教學，以緩解學生的個性化學習需求與師資力量不足之間的矛盾，即幫助學生通過 AI 實現自主學習。

　　理想的人工智能教育軟件要能快速有效地判斷學生的能力。這需要高質量的教學內容，持續性地分析和分解學生的知識圖譜，並根據學生的知識圖譜為學生提供定製化內容，從而形成一對一特色教育。

　　楊陽是一名高一學生，初中時期成績優秀，考上了省重點學校的實驗班。這裏與縣裏初中的教學方法和教學進度完全不同，由於班裏集結了全省範圍的優秀學生，老師的教學進度明顯快於其他學校，當其他學校的學生還在學習第二單元時，楊陽的老師已經講到了第四單元。這樣的速度讓楊陽有點吃不消，在課堂上，她很難跟上老師的進度——之前的知識點還沒學紮實，新的一單元已經開始。所幸楊陽手中有一台計算機，在初中同學的介紹下她開始接觸 AI 智適應學習系統，每天放學後，她針對課上新學的內容在系統中搜索名師視頻講義，然後進行大量的課後練習。根據練習結果，系統了解到她

在知識點掌握上的難點和薄弱點，接下來的教學規劃就會聚焦於這些薄弱點，逐個擊破。

「AI＋教育」賽道上的科技公司都會開發 AI 智適應學習引擎架構，利用大數據和學習分析技術採集和分析學生的各種數據，實現個性化教學。這些公司產品利用 AI 智適應學習引擎架構，實現合理的知識點拆分，針對不同的學生進行個性化推薦，不需要真人教師，學生就可以根據自己的強弱項進行學習，達到較為高效的學習效果。

AI 智適應學習系統通常包括兩大引擎：狀態評估引擎和推薦引擎。狀態評估引擎主要進行檢測、判斷和評估，推薦引擎則根據目前的檢測判斷結果以及檢測對象的情況給出一個最優的路徑，然後按照這個路徑往下執行。在傳統教育領域，AI 的介入使教學方式更生動、更豐富、更高效。學生可以根據自身情況，自己把控課下學習進度，提高學習效率。

2.3.2　普及人工智能，AI 走進基礎教育

除「人工智能＋教育」正在賦能傳統教育外，圍繞 AI 自身的教育也在如火如荼地進行着，普及 AI 已經成為我國基礎教育的重要課題之一，而這背後離不開國家政策的推動、學校與 AI 企業的協作。

對於高新科技的普及，我國早有「提前佈局、迅速下手」的成功案例——「計算機的普及要從娃娃抓起」。據人民網報道，1984 年 2 月 16 日，鄧小平同志參觀上海市展覽館舉辦的十年科技成果展。在觀看完年僅 13 歲的計算機小操作手李勁展現其計算機學習成果後，鄧小平說了這麼一句話：「計算機的普及要從娃娃抓起。」

同年，計算機課程首次進入上海的高中課堂，第二年成為高中階段的必修課。而如今，不止在上海，我國很多城市的中小學校都設有計算機機房、電子閱覽室和多媒體教學設施。鄧小平的這句話意義深遠，推動了我國計算機普及事業和信息科技事業的長足發展。35 年後，計算機科學又攀上新的階梯，作為計算機科學一個分支的人工智能浪潮興起。AI 如何與基礎教育結合又成為新的課題，其中，AI 編程課程的普及與學習也要開始從娃娃抓起了。

早在 2017 年年底，山東省當時計劃於 2018 年新出版的小學信息技術六年級教材中，就加入了高級編程語言 Python 的內容。在編程語言排名網站 ranked.com 公佈的排名中，Python 是 2017 年最受歡迎的人工智能編程語言。深圳大學副研究員陳飛在接受新智元採訪時表示，在小學開設 Python 編程課，更多着眼於培養興趣和孩子的編程思維。「Python 適合在小

學五年級以後開設，那時候學生已經掌握了加減乘除混合運算。」陳飛說，「Python 課程可以讓學生覺得計算機很神奇，引發他們的學習興趣。」

　　小學生學習 AI 編程的背後離不開一系列政策的推動。在2017 年 7 月國務院印發的《新一代人工智能發展規劃》中，提到了 6 項保障措施，最後一項「廣泛開展人工智能科普活動」的具體內容就包括逐步推廣 AI 編程教育：

　　支持開展形式多樣的人工智能科普活動，鼓勵廣大科技工作者投身人工智能的科普與推廣，全面提高全社會對人工智能的整體認知和應用水平。實施全民智能教育項目，在中小學階段設置人工智能相關課程，逐步推廣編程教育，鼓勵社會力量參與寓教於樂的編程教學軟件、遊戲的開發和推廣。

　　另外，教育部印發的《2019 年教育信息化和網絡安全工作要點》也明確指出：

　　推動在中小學階段設置人工智能相關課程，逐步推廣編程教育。

　　自 2017 年開始，中小學階段設置的人工智能相關課程相

繼出現，相關人工智能教材也層出不窮，適用人群從學前兒童到高中生。2018 年 7 月 14 日至 15 日，由中國教育技術協會智慧學習工作委員會主辦的「2018 年信息時代教學模式創新高峰論壇」在河南省鄭州市舉行。會上發佈了智慧學習工作委員會人工智能實驗項目組和聯合國教科文組織合作的「智龍 X 計劃」[1]，其中包括一套教材、一個 AI 平台、一批實驗及應用案例，覆蓋了學前教育、小學、初中、高中，甚至職業教育。

不同於其他學科，人工智能相關課程教學不能只依賴教科書，必須有相對應且更新及時的學習平台等軟件裝備作為訓練支撐。目前中小學開設的人工智能相關課程也基本是採用教材傳授知識，並輔以學習平台幫助練習實踐的方式展開，而提供技術支持的通常是掌握較為先進技術的 AI 企業。

2017 年 12 月 29 日，教育部印發《普通高中課程方案和語文等學科課程標準（2017 年版）》，人工智能、物聯網、大數據處理被正式劃入新標準。在《普通高中課程方案和語文等學科課程標準（2017 年版）》中，把高中學習內容分成了必修課、選擇性必修課和選修課。其中信息技術課程的具體結構如表 2.1 所示。

---

[1] 江蘇科技報教育周刊 2018 年 9 月 7 日《智龍 X 計劃——智慧中國人面向未來社會的教育行動計劃》。

表 2.1　高中信息技術課程結構[1]

類別	模塊設計	
必修	模塊 1：數據與計算 模塊 2：信息系統與社會	
選擇性 必修	模塊 1：數據與數據結構 模塊 2：網絡基礎 模塊 3：數據管理與分析	模塊 4：人工智能初步 模塊 5：三維設計與創意 模塊 6：開源硬件項目設計
選修	模塊 1：算法初步 模塊 2：移動應用設計	

　　高中信息技術必修課是全面提升高中生信息素養的基礎，包括「數據與計算」和「信息系統與社會」兩個模塊，「人工智能初步」模塊則放在選擇性必修部分。相比初中生和小學生，高中生具備更高的素質去學習和探索人工智能。

　　在新的課程標準出台後不久，2018 年 4 月 28 日，《人工智能基礎（高中版）》正式發佈，這本高中課程教材由商湯科技、華東師範大學國際慕課研究中心和上海交通大學附屬中學、華東師範大學第二附屬中學等六所學校合作完成。

　　華東師範大學第二附屬中學、上海交通大學附屬中學、清華大學附屬中學、上海市市西中學等全國 40 所學校成為首

1　信息來源：《普通高中課程方案和語文等學科課程標準（2017 年版）》文件。

批「人工智能教育實驗基地學校」，覆蓋了上海、北京、江蘇、遼寧、雲南、江西、山西、山東、新疆等省、自治區和直轄市。

除提供教材外，商湯科技與相關企業還合作設立了人工智能教學實驗室，配置了 GPU 和商湯科技的深度學習開放平台，學生上課時可以根據課本內容結合實驗室的模型進行技術實踐與體驗，有利於發揮學生的想像力和創造力，更好地理解人工智能。

在人工智能走進基礎教育的路上出現了一個又一個里程碑，中國娃娃們已經掀起學習人工智能的熱潮，AI 的普及將為我國在 AI 人才下一階段的競爭帶來更多的利好。政策的扶持與引導，加上擁有先進技術的 AI 企業的協助，將為我國未來的 AI 人才培養不斷補充新鮮血液，形成日漸完善的、多層級的 AI 人才儲備。

2.3.3 高校發力：我國尖端 AI 人才培養與儲備

人工智能的普及正在走進基礎教育，青少年可以更早且更好地了解、學習人工智能方面的知識，提前培養興趣，提升自身競爭力，迎接人工智能時代的到來。而培養學術界與產業界真正需要的人才，需要高等院校與企業協同發力，瞄準人工

智能世界前沿水平。

對於我國 AI 人才的培養與儲備，國家政策發揮了強大的引導與鼓勵作用。早在 2017 年印發的《新一代人工智能發展規劃》中，「加快培養聚集人工智能高端人才」就被列為重點任務。除從國外引進高端 AI 人才外，國內高校和企業培養本土 AI 人才也是未來我國人工智能發展的重中之重。《新一代人工智能發展規劃》指出：

建設人工智能學科。完善人工智能領域學科佈局，設立人工智能專業，推動人工智能領域一級學科建設，儘快在試點院校建立人工智能學院，增加人工智能相關學科方向的博士、碩士招生名額。鼓勵高校在原有基礎上拓寬人工智能專業教育內容，形成「人工智能 +X」複合專業培養新模式，重視人工智能與數學、計算機科學、物理學、生物學、心理學、社會學、法學等學科專業教育的交叉融合。加強產學研合作，鼓勵高校、科研院所與企業等機構合作開展人工智能學科建設。

為進一步落實 AI 人才培養的任務，2018 年 4 月 2 日，教育部發佈關於印發《高等學校人工智能創新行動計劃》的通知，引導高等學校瞄準世界科技前沿，不斷提高人工智能領域

科技創新、人才培養和國際合作交流等能力，為我國新一代人工智能發展提供戰略支撐。

在國家政策的推動下，人工智能高校教育也掀起熱潮。這一發展原動力促使高校主動適應經濟社會發展需求。同時，教育的本質是樹人，高質量和前瞻性是其要求具備的重要屬性。關於高質量，高校中人工智能相關學科的開設則要滿足學科準則和需求準則。主動服務社會需求是高等教育不可忽略的使命，增設人工智能專業，發展人工智能教育將是國內高校當前和今後較長時期的一個努力方向。

人工智能本科教育熱潮興起

2018 年開學季，80 名大一新生走入南京大學（以下簡稱南大）的校園，成為南大第一批人工智能本科專業學生。這批本科生也是我國最早開始從本科階段就系統學習人工智能專業而非其他相近專業的新生群體。

截至 2019 年 9 月，他們已經進行了一年的人工智能專業系統化學習，而一年前他們選擇成為第一批「吃螃蟹」的人的原因也基本一致——對人工智能或計算機領域感興趣，並且相信南大能夠提供優質的教學資源。

據《南方都市報》報道，南大人工智能專業 2018 級學生

高辰瀟告訴記者，他本來就對計算機相關學科感興趣，「經過了慎重考慮」後決定進入人工智能專業就讀，選擇南大則是因為南大在計算機領域有着深厚的積累，新成立的人工智能學院匯聚了諸多經驗豐富的教授和科研成果卓著的課題組，他相信在南大能夠學習到「將來可以支撐自己在相關領域一直走下去的知識和技能」。

對人工智能有着濃厚興趣的王晨淵同樣在報考前做了大量功課，他從全國第四輪學科評估結果了解到南大的計算機學科實力在全國名列前茅，並認為人工智能學院「有着光明的發展前景」。

饒睿策選擇報考南大人工智能學院則是受到院系教授個人魅力的感召，「南京大學人工智能學院由人工智能領域『大牛』周志華教授一手創辦，我平常也對 IT 行業很感興趣，很希望能在專業頂尖學者的帶領下學習 IT 尤其是當今熱門的人工智能。」[1]

2018 年 3 月，在計算機領域有着深厚積累的南大設立人工智能學院，讓這個「有着光明發展前景」的專業首次成為高考生報考志願的選擇之一，領跑 AI 本科教育，順應時代的需求。

---

1 《南方都市報》2019 年 6 月 11 日《首批人工智能本科生：「硬核」課程是挑戰也是動力》。

　　這背後同樣離不開國家政策的引導。在 2018 年 4 月的《高等學校人工智能創新行動計劃》中，教育部重點提出「引導高校通過增量支持和存量調整，穩步增加相關學科專業招生規模、合理確定層次結構，加大人工智能領域人才培養力度」「深入論證並確定人工智能學科內涵，完善人工智能的學科體系，推動人工智能領域一級學科建設」「鼓勵對計算機專業類的智能科學與技術、數據科學與大數據技術等專業進行調整和整合，對照國家和區域產業需求佈點人工智能相關專業」「支持高校在計算機科學與技術學科設置人工智能學科方向」等任務。

　　除南大外，越來越多的高校加入了 AI 本科培養大軍，單獨設立人工智能本科專業，而非只是開設人工智能相關課程，例如此前已有的「智能科學與技術」「機器人工程」專業，人工智能教育建設已經掀起熱潮。根據上述教育部印發的通知，人工智能專業代碼 080717T（T 代表特設專業），學位授予門類工學，學制四年。除增設人工智能相關專業外，和南大一樣，一些國內高校也專門成立了人工智能學院來培養本科 AI 人才。有些高校更是通過與 AI 企業合作辦學的方式來培養更符合產業發展需求的 AI 人才。

　　2019 年 1 月 21 日，西安交通大學（以下簡稱西安交大）

學校名稱	專業名稱	專業代碼	學位授予門類	修業年限	省份
北京科技大學	人工智能	080717T	工科	四年	
北京交通大學	人工智能	080717T	工科	四年	北京
北京航空航天大學	人工智能	080717T	工科	四年	
北京理工大學	人工智能	080717T	工科	四年	
上海交通大學	人工智能	080717T	工科	四年	上海
同濟大學	人工智能	080717T	工科	四年	
華南師範大學	人工智能	080717T	工科	四年	廣東
天津大學	人工智能	080717T	工科	四年	天津
吉林大學	人工智能	080717T	工科	四年	吉林
長春師範大學	人工智能	080717T	工科	四年	
四川大學	人工智能	080717T	工科	四年	
電子科技大學	人工智能	080717T	工科	四年	四川
西南交通大學	人工智能	080717T	工科	四年	
安徽工程大學	人工智能	080717T	工科	四年	安徽
山東大學	人工智能	080717T	工科	四年	山東
中北大學	人工智能	080717T	工科	四年	山西
武漢理工大學	人工智能	080717T	工科	四年	湖北
南京大學	人工智能	080717T	工科	四年	
東南大學	人工智能	080717T	工科	四年	
南京農業大學	人工智能	080717T	工科	四年	江蘇
南京信息工程大學	人工智能	080717T	工科	四年	
江蘇科技大學	人工智能	080717T	工科	四年	
江西理工大學	人工智能	080717T	工科	四年	江西
中原工學院	人工智能	080717T	工科	四年	河南
浙江大學	人工智能	080717T	工科	四年	浙江
湖南工程學院	人工智能	080717T	工科	四年	湖南
蘭州大學	人工智能	080717T	工科	四年	甘肅
廈門大學	人工智能	080717T	工科	四年	福建
東北大學	人工智能	080717T	工科	四年	遼寧
大連理工大學	人工智能	080717T	工科	四年	
重慶大學	人工智能	080717T	工科	四年	重慶
西安交通大學	人工智能	080717T	工科	四年	
西安電子科技大學	人工智能	080717T	工科	四年	陝西
西北工業大學	人工智能	080717T	工科	四年	
哈爾濱工業大學	人工智能	080717T	工科	四年	黑龍江

圖 2.1　新增人工智能專業的 35 所高校

舉行人工智能學院揭牌儀式，首任院長是曠視科技首席科學家、曠視研究院院長孫劍博士。孫劍的本科、碩士、博士都是在西安交通大學完成的。此外，孫劍還擔任西安交通大學的兼職教授，再加上他作為 AI 創業公司高管的身份，讓我們看到了產學研合作在培養優秀本科 AI 人才上新的可能性。

2018 年，西安交通大學「人工智能拔尖人才培養試驗班」正式成立，秋季第一批入學的本科生按照「優中選優」的原則，50% 左右通過高考招生選拔，50% 左右通過校內新生選拔，在學習過程中施行動態管理與進出機制，最後選出 55 人作為新成立的西安交通大學人工智能學院首批本科生。

這種「優中選優」的模式在人工智能人才培養方面早已存在。儘管不是專門為人工智能設立，但卻依然培養出不少頂尖 AI 人才的清華大學「姚班」（清華學堂計算機科學實驗班）和北京大學「圖靈班」就是以「優中選優」的方式來挑選學生的。這兩所高校對人工智能本科教育的重視曾引起外界極大關注。

清華學堂計算機科學實驗班由世界著名計算機科學家、圖靈獎得主、中國科學院院士姚期智於 2005 年創辦，致力於培養與美國麻省理工學院、普林斯頓大學等世界一流高校本科生具有同等甚至更高競爭力的拔尖創新計算機科學人才。「姚

班」並非學生在填報高考志願時就可以填報，而是在學生入校後，先個人申報，再通過二次考察，擇優錄取。自 2005 年開班至今，「姚班」已成為「最優秀的本科生和最優秀的本科教育」的代名詞。

2019 年 5 月 18 日，清華大學宣佈成立以培養人工智能人才為目標的人工智能學堂班（清華大學官方稱其為「智班」）。根據《新京報》報道，這個班級將成為清華學堂人才培養計劃的第八個實驗班，同時也是清華大學的第二個「姚班」，因為這是繼「姚班」之後姚期智院士第二次出任首席教授。

「智班」與「姚班」相似，採取階段式的培養方式：學生在本科低年級階段打好基礎，專門學習數學、計算機與人工智能方面的核心課程；在高年級階段，則通過交叉聯合學科培養方式將人工智能與其他前沿學科相結合。[1]

而中國另一頂尖高校北京大學也於 2017 年開始舉辦第一屆「圖靈班」，標誌着北大計算機科學技術人才培養改革正式啟動。1986 年圖靈獎得主約翰·霍普克羅夫特教授按照國際前沿的計算機專業課程體系，負責指導「圖靈班」的培養方案設計。

2017 年 7 至 8 月期間，霍普克羅夫特教授親自參與面試

---

1 《北京晚報》2019 年 5 月 19 日《清華北大設人工智能新專業》。

學生，從報名的近 80 名本科生中遴選出首批 24 名「圖靈班」學員，主要來自北大信息技術、元培、數學等院系。計劃今後每年都將從大一學生中選拔約 30 人進入「圖靈班」。2018 年，北大「圖靈班」計劃招收 60 人，分為計算機科學方向與人工智能方向。除此之外，根據北青網、新華社和北京昌平微信公眾號等媒體報道，北京大學將在昌平建立一個新校區，以人工智能為特色，並以面向未來的應用型學科和新型工科為主要發展方向。

我國高等院校設立人工智能本科專業的數量猛增，而在探討如何培養 AI 尖端本科生方面，我國不少頂級高校也進行了新的探索與實踐──或進行產學研合作，或以「優中選優」的方式成立專注於人工智能的本科試驗班。人工智能作為一門嚴肅的學科已經經歷了 60 多年的發展，形成了龐大的知識體系。在原有學科框架下的修修補補，對培養高質量 AI 專業人才的作用並不大，高校需要為學生在本科階段就建立起基於人工智能學科自身特點的全新培養體系。

我國有越來越多的高校相繼成立單獨的人工智能本科專業或者人工智能學院，即使從世界範圍來看，它們也屬於在人工智能本科培養方面起步較早的一批高校。計算機領域的佼佼者、世界頂尖高校卡內基 - 梅隆大學在 2018 年 5 月才宣佈正

式設立人工智能本科專業。目前我國高校仍處於自主創新探索的時期，需要不斷思考與探索，開拓出適合我國的本科 AI 人才培養之路。

培養已見成效，在世界上嶄露頭角的中國 AI 人才們

人工智能本科教育熱潮興起，但本科 AI 人才的培養尚處於搖籃階段。經過數年的積累，年輕的中國 AI 人才已經在世界範圍內嶄露頭角：有的在人工智能頂級會議上獲得極高榮譽，有的在 AI 初創企業擔任重要職務。僅 2019 年上半年，就有不少中國青少年在 AI 領域取得佳績，以下分別介紹幾個 AI 學術界和產業界的故事。

（一）清華「姚班」畢業生馬騰宇獲 ACM 博士論文獎榮譽獎

2019 年 5 月，ACM 官網公佈了 2018 年度 ACM 博士論文獎，榮譽獎獲得者正是一位出身清華大學「姚班」、醉心於人工智能理論研究的青年學者。

ACM 博士論文獎每年向計算機科學與工程領域的最佳博士論文作者頒發一次，獎金 2 萬美元，榮譽獎獎金 1 萬美元。獲獎論文將被收錄為 ACM 系列書籍在 ACM 數字圖書館發表。馬騰宇本科畢業於清華大學交叉信息研究院，是 2008 級

「姚班」校友。馬騰宇在普林斯頓大學讀博期間，就已在國際頂級會議和期刊上發表高質量論文近 20 篇。

2017 年，在談及「姚班」教育時，姚期智曾高度評價這批學子：「他們確實可以說在人工智能領域是先驅，將來一定會在該領域留下非常深刻的痕跡。」

（二）張祥雨：3 年看 1 800 篇論文，28 歲掌舵曠視科技基礎模型研究

在人工智能領域成為先驅並不僅限於學術界。有着「AI 四小龍」之稱的曠視科技把開闢基礎算法新路的斧頭交給了一位 28 歲的年輕人張祥雨。他是曠視研究院基礎模型（base model）組負責人，帶領組裏 30 多位年輕人為曠視科技尋找下一個兼具學術和產業價值的算法模型。

跟曠視研究院院長孫劍的經歷一樣，張祥雨也是一名「土生土長」的西安交大人，從本科到博士都在西安交大就讀，在大三那年（2011 年），張祥雨拿下了美國大學生數學建模競賽特等獎提名獎（Finalist），創下西安交大參加該項競賽以來歷史最好成績。

這樣一個不到 30 歲的年輕人，在近年來深度學習推動人工智能在學術界和產業界發展的進程中，雖然身居幕後卻貢獻很大：2015 年橫空出世的 ResNet，張祥雨是主要作者之一，

他負責底層框架和編碼，跟第一作者何愷明打配合；之後他又提出 ShuffleNet。ShuffleNet 憑藉輕量級低功耗和高性能，成為曠視科技拿下 OPPO、小米等手機大廠視覺訂單的核心技術。

目前，張祥雨又把研究重點放到了另一個領域：AutoML。AutoML 可以自動化設計和訓練 AI 模型，是用「計算換智能」的新範式。模型自動化是當前 AI 技術的一個發展趨勢，也是曠視科技人工智能框架 Brain++ 的核心要素之一，打通了從數據到部署的算法全要素、全流程生產。曠視研究院 Brain++ 框架下的 AutoML 將成為其戰略升級的重要技術支撐。可以說，張祥雨的工作直接影響着公司未來的業務。

經過數年的成長與磨煉，一位優秀的 AI 人才可以直接影響一家出色的 AI 初創公司的未來業務。隨着我國對於人工智能教育的重視，越來越多人工智能學院和人工智能本科專業的設立將如雨後春筍般湧現，未來會出現更多像張祥雨這樣年少有為的 AI 英才。高校會成為我國 AI 人才的儲備基地並將這些人才源源不斷地輸送到需要的地方，為我國新一代人工智能發展打下堅實基礎，引領未來發展。

經過六十餘年的發展，人工智能已經逐漸從概念轉為日益普遍的現實場景，並將「觸手」伸向了日常生活的各個領域，潛移默化地影響着我們的生活、娛樂和工作方式。計算機

視覺技術與智能語音交互技術讓機器有了視覺和聽覺，甚至有了可以和人交談的能力。人工智能技術嵌入機器中，變身成為人們的小助手，完成我們下達的關於工作與生活的各類任務，為我們帶來了種種便利：讓支付更加方便、快捷、安全，讓人與人的語言交流更加順暢，讓教育方式變得更加豐富多彩、更加個性化。

　　人工智能已經成為我們身邊必不可少的技術，而人們對人工智能需求的增長也促使人工智能技術不斷升級。人工智能技術發展加速需要大量的 AI 人才，以滿足經濟社會發展的需求。無論是基礎教育的普及，還是高校多層次 AI 人才的培養，都體現出人工智能已經深入年輕一代的學習生活中。在成長過程中，無數學子會接觸人工智能、選擇人工智能，AI 逐漸從為興趣而學習的編程課程，變為影響他們選擇並為之奮鬥終生的學科專業。厚積薄發，中國必將成為人工智能強國。

　　人工智能就在我們身邊，影響着我們，幫助着我們，推動着我們。

第三章

智能雲·芯世界，
中國的人工智能基礎平台

　　人類正在邁入一個「寬泛的人工智能」的時代，人工智能技術開始解決一些特定領域的問題，甚至跨多個領域的問題。在這樣的應用背景下，人工智能對計算能力的要求越來越高。

　　人工智能的發展需要巨大的計算能力來支撐，而計算能力是推動人工智能應用和技術突破的核心驅動力。至少在當前的許多領域，處理更多的計算意味着更好的性能，並且計算能力的提升常常與算法的進步互相促進。

　　對於「計算能力」，我們熟知集成電路領域的「摩爾定律」單位面積集成電路上可容納的元器件的數目，每隔 18~24 個月便會增長一倍，集成電路性能也會提升一倍。但人工智能所需的計算量，其增速遠比集成電路的摩爾定律要快。

　　2018 年 5 月，美國的人工智能研究組織 OpenAI 發佈了一份關於 AI 計算能力增長趨勢的分析報告。在這份報告中，使用「用於訓練單個模型的計算量」這一指標來衡量人工智能所需的計算能力。

　　OpenAI 的報告顯示：從 2012 年開始，AI 訓練中所使用的計算量呈指數增長，平均每 3.43 個月增長一倍（摩爾定律中增長一倍的時間是 18~24 個月）。到 2018 年，這個指標已經增長了 30 萬倍以上（如果按 18 個月增長一倍計算，同時期計算量僅能增長 12 倍）。

　　下圖展示了用來訓練一些著名的 AI 模型並得到較好結果的計算總量，1 petaflop/s-day（pfs-day）是指一天中每秒執行 10^{15} 次神經網絡操作，或一天總計約 10^{20} 次神經網絡操作。

　　OpenAI 在 2019 年 7 月從微軟籌集到 10 億美元，用於加速對人工智能「聖杯」的追求：5 年內建造一台能夠實現通用人工智能的計算機，構建一個能夠運行「人腦規模的 AI 模型」的系統。隨着計算機硬件變得越來越強大，深度學習系統中使用的學習算法將會進化，擁有今天的程序員永遠也不可能直接對其進行編程的能力。

從 **AlexNet** 到 **AlphaGo Zero:** 自 2012 年以來人工智能訓練所需計算量增長了 30 萬倍以上

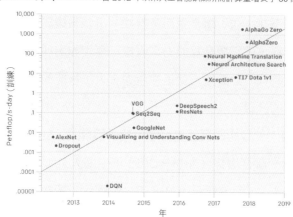

圖 3.1　AI 訓練所需計算量的增長趨勢

來源：OpenAI《AI 與計算》

OpenAI 董事長兼首席技術官格雷格・布羅克曼（Greg Brockman）宣稱，AI 計算能力增長的超摩爾定律可以再延續 5 年。他認為過去 7 年的進步就像把智能手機的電池續航時間從 1 天延長到 800 年：同樣的指數曲線再延續 5 年，電池壽命將達到 1 億年。而今天最先進的神經網絡大致與蜜蜂的大腦差不多。但是，OpenAI 相信，在接下來的 5 年裏，人工神經網絡有望與人類的大腦相當。擁有與人類相匹敵的認知水平，被認為是具有超越人類智能的計算機問世之前的最後一步。

對於這種趨勢會持續多久，以及持續下去會發生什麼，用過去的趨勢來預測顯然不夠。但可以肯定，未來幾乎所有人類活動都會留下數字印記，人與人、人與物、物與物之間的連接將無處不在，並不斷產生海量數據。這些數據要轉換成人工智能的燃料，就需要計算能力來收集、存儲和處理。因此，在人工智能時代，計算能力就是生產力，人工智能的進步離不開計算能力的升級。

中國人工智能的發展更是離不開計算能力。2019 年 3 月，IDC 和浪潮聯合發佈《2018—2019 年中國人工智能計算力發展評估報告》，報告顯示：2018 年，中國人工智能市場投資規模約 25 億美元，其中 70% 以上為以計算能力為核心的基礎架構硬件市場投資。2022 年全球 AI 市場中用於計算能力的投資

將超過 176 億美元，市場未來 5 年的複合增長率將超過 30%，中國人工智能基礎架構硬件市場規模將超過千億元。

　　未來 AI 計算能力的發展有三大主題——雲計算、邊緣計算和 AI 芯片。當前，大多數 AI 芯片都是為數據中心開發的，而數據中心是雲計算賴以實現的基礎設施，因而雲計算和人工智能的各種加速算法關係密切。但這種關係已經在發生變化，因為人工智能處理的內容很大一部分將不在雲上，而是發生在邊緣，邊緣計算可將人工智能嵌入消費者生活的方方面面。此外，專用 AI 芯片也正在將機器學習從雲端延伸到終端和邊緣設備上。

3.1　智能雲：數字化智能世界的基礎

　　雲計算引爆了科技行業的繁榮，似乎每家科技公司都有充分的理由把業務遷到雲端。雲服務賦能數字經濟，給人們的工作和生活帶來了翻天覆地的改變。

3.1.1　雲計算就是智能互聯網的水電煤

　　雲計算是一種基於互聯網的計算方式，在人工智能時代更要提供按需交付的強大計算資源。雲計算已經成為互聯網的水電煤。用戶用電時，不會去想電是怎樣生產出來的，也不關

心電廠建在哪裏，只要插上插頭，就能用電。同樣，用戶使用雲計算時，也不需要了解「雲」中基礎設施的細節，不必具有相應的專業知識，更無須直接進行控制。對用戶來說，由服務商提供的服務所代表的網絡元素都是看不見的，仿佛被雲所覆蓋。

　　水電煤是現代人生活的剛性需求。同樣，雲計算作為智能化 IT 的基礎設施，也擁有巨大的市場需求。市場研究機構高德納（Gartner）每年都會對全球公有雲市場進行預測。在 2019 年 4 月發佈的報告中，高德納預測，到 2022 年，全球公有雲服務市場的規模將達到 3312 億美元，如下表所示。

表 3.1　全球公有雲服務收入預測[1]

	2018	2019	2020	2021	2022
雲業務流程服務（BPaaS）	45.8	49.3	53.1	57.0	61.1
雲應用基礎設施服務（PaaS）	15.6	19.0	23.0	27.5	31.8
雲應用服務（SaaS）	80.0	94.8	110.5	126.7	143.7
雲管理和安全服務	10.5	12.2	14.1	16.0	17.9
雲系統基礎設施服務（IaaS）	30.5	38.9	49.1	61.9	76.6
市場總量	182.4	214.3	249.8	289.1	331.2

1　數據來源：高德納報告 Forecast: Public Cloud Services, Worldwide, 2016 — 2022, 4Q18 Update。

雖然「雲」這個術語看起來很抽象，但雲計算給企業帶來的好處卻是實實在在的。隨着雲計算在計算領域的普及，越來越多的企業開始將業務遷移到雲上。2018 年，IBM 發佈的《雲原生開發的企業展望》（The enterprise outlook on cloud-native development）報告顯示，接下來 12 個月內開發的應用程序將有 55% 被設計為雲原生的，而 75% 的現有非雲應用程序將在未來 3 年內遷移到雲端。

雲計算平台提供一系列新的強大工具，覆蓋人工智能、機器學習、大數據等，這些工具與雲的能力相結合，可以呈指數級地擴展計算能力，為各種規模的企業提供快速擴展的機會。對企業來說，雲計算最大的優勢之一是敏捷性。通過簡化部署流程，雲可以幫助企業更快地實現產品的市場推廣。

雲計算的好處還包括節省成本、提升安全性等。對於一些僅在某段時間使用而大部分時間空閒的應用程序，將其託管在雲端，比使用專用硬件和軟件更經濟。此外，作為專門的機構，雲提供商也比大多數組織能夠提供更好的安全性。

3.1.2　人工智能——雲計算的殺手級應用

將人工智能和雲計算結合在一起將重塑整個 IT 基礎設施，可以說，人工智能是雲計算的殺手級應用。

　　企業將加速採用基於雲的人工智能軟件和服務。德勤全球（Deloitte Global）預測，2019 年，在採用 AI 技術的公司中，70% 將通過基於雲的企業軟件獲得 AI 能力，65% 將使用基於雲的服務開發 AI 應用程序。德勤全球還預測，到 2020 年，在採用 AI 技術的公司中，具有集成 AI 能力的企業軟件和基於雲的 AI 平台的公司將分別達到 87% 和 83%[1]。

　　雲計算將推動人工智能在更大規模上實現，並推動人工智能能力的普及——即使是缺乏人工智能專業知識、人才和硬件設施的小公司，也能通過雲獲得 AI 能力，因為大公司正在將 AI 能力集成到基於雲的企業軟件中，並將其帶入大眾市場。

　　谷歌、微軟和亞馬遜等公司紛紛推出「機器學習即服務（Machine Learning-as-a-Service，MLaaS）」。顧名思義，MLaaS 是以雲服務的形式提供機器學習工具的一系列服務。MLaaS 提供的工具包括數據可視化、API、人臉識別、自然語言處理、預測分析和深度學習等，服務商的數據中心則負責處理實際的計算。MLaaS 的主要吸引力在於，與其他雲服務一樣，客戶無須安裝軟件或配置自己的服務器，就可以快速開始應用機器學習。對小型企業來說，從頭開始打造一整套人工智能系

1　Deloitte：Artificial intelligence: From expert-only to everywhere, TMT Predictions 2019。

統並不是一件容易的事情，而 MLaaS 提供了一個更簡單的選擇：採取捷徑，使用預訓練的神經網絡來處理主要由雲服務提供商提供的圖像、視頻、語音和自然語言數據。以谷歌 Cloud AutoML 為例，只需極少的工作量和機器學習專業知識，Cloud AutoML 即可訓練出高質量的自定義機器學習模型。

　　智能雲成為 ToB 產業的兵家必爭之地。2018 年以來，雲計算巨頭亞馬遜和微軟市值先後突破 1 萬億美元，兩家公司正是通過智能雲的業務轉型實現了崛起。雲服務是亞馬遜除傳統零售業務和商戶佣金外，收入佔比最大的業務之一。微軟也在智能雲上發力，提出「移動為先，雲端至上（Mobile First，Cloud First）」的口號，將傳統 Office 產品全面雲化，並創造性地開發了雲遊戲，公佈了全新的流媒體服務 xCloud，為公司帶來了巨大的用戶量和可觀的收入。雲端業務在 2018 年為微軟創造了 340 億美元的營收。

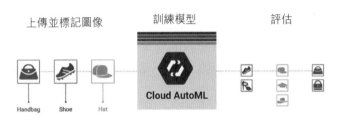

圖 3.2　谷歌的 Cloud AutoML

　　在美國，智能雲已經成為 IT 產業最主流的發展方向，能代表未來 IT 服務的企業是提供智能雲服務的公司。在中國，阿里巴巴、騰訊、華為、百度等企業也紛紛發力企業智能平台，通過雲服務提供 AI 能力。中國要打造世界級的 AI 企業，也必須以智能雲為基礎，讓智能雲成為智能社會的支柱產業。

　　中國雲計算先行者阿里雲很早就推出了 ET 大腦，並逐步開發了 ET 城市大腦、工業大腦、農業大腦、環境大腦、醫療大腦和航空大腦。ET 大腦提供一站式智能技術，能解決社會和商業中的棘手問題。如 ET 城市大腦，它以智能雲為計算基礎設施，同時獲取豐富的城市數據資源，對這些數據進行分析，進而做出高效的社會治理決策，推動城市可持續發展。

　　中國的城市化在過去十多年裏經歷了跨越式的發展，大規模的城市化在帶來經濟繁榮的同時，也帶來了交通擁堵、公共服務效率低下等城市發展難題。城市大腦的智慧方案將有助於解決這些問題。例如，如果十字路口某個方向的車流量變大，這個方向的綠燈會立刻延長時間，同時縮短其他幾個方向的綠燈時間，等這個方向的車流減少了，再自動重新規劃時長，始終保證紅綠燈時間與車流量的合理匹配。

　　2017 年，杭州城市大腦交出了用數據資源治理城市第一年的答卷。城市大腦已經接管了 128 個路口的信號燈，某試

點區域的通行時間減少了 15.3%，120 救護車到達現場時間縮短了一半。在主城區，城市大腦日均處理事件報警 500 次以上，準確率達 92%，大大提高了執法指向性。此外，杭州市交警支隊在主城區通過城市大腦進行紅綠燈調優，並即時提供出警決策。除交通領域外，城市大腦還深入醫療、平安、城管、旅遊、環保等行業系統，惠及人們日常生活的方方面面[1]。

3.2 邊緣計算：萬物互聯時代的新計算平台

隨着物聯網、人工智能和智能數據處理技術的普及，我們正在邁入一個萬物互聯（Internet of Everything）的時代。思科互聯網業務解決方案事業部（Cisco IBSG）曾預測，到 2020 年將有 500 億台設備接入互聯網，這個數字是 2015 年的 2 倍，屆時全球人均擁有的連接設備數量將達到 6.58 台。

隨着連接設備數量的爆炸式增長，再加上安全與隱私保護、低延遲和帶寬限制的需求需要滿足，由終端感知、採集，雲端計算再返回結果的模式變得應接不暇，因此，邊緣計算作為新興萬物互聯應用的支撐平台成為大勢所趨。

---

1 人民日報 2017 年 11 月 9 日：《「城市大腦」讓數據資源比土地更珍貴》。

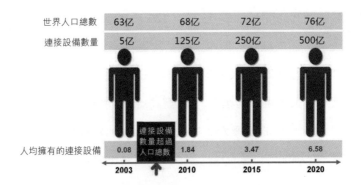

世界人口總數	63亿	68亿	72亿	76亿
連接設備數量	5亿	125亿	250亿	500亿
人均擁有的連接設備	0.08	1.84	3.47	6.58

連接設備數量超過人口總數

2003　2010　2015　2020

圖 3.3　到 2020 年，全球互聯設備將達到 500 億台

來源：Cisco「The Internet of Things‐How the Next Evolution of the Internet Is Changing Everything」

物理世界　　邊緣計算　　數字世界

數據感知、數據歸一化　數據感知、數據歸一化

數據　控制　數據　控制

深度分析與計算　行業應用　商業應用　人工智能

網絡　計算　存儲　應用

圖 3.4　邊緣計算是物理世界和數字世界之間的橋梁

來源：《邊緣計算與雲計算協同白皮書（2018 年）》

　　歐洲電信標準組織（European Telecommunications Standards Institute，ETSI）對邊緣計算的定義是：「指在靠近人、物或數據源頭的網絡邊緣側，通過融合網絡、計算、存儲、應用等核心能力的開放平台，就近提供邊緣智能服務，來

滿足行業數字化在敏捷連接、實時業務、數據優化、應用智能、安全與隱私保護等方面的關鍵需求。」

　　在邊緣計算中，數據的處理和分析發生在數據源頭（或接近數據源頭），而無須將原始數據直接發送到公有雲或私有雲再執行操作。為了實現這一點，邊緣計算需要將公有雲的一些核心構建模塊（包括計算、網絡和存儲）部署到離數據源更近的位置。邊緣計算適用於對延遲敏感、實時性要求比較高的場景，如自動駕駛、AR/VR、物聯網設備、遊戲、安全等。

　　邊緣計算是雲計算的延伸，它與雲計算各有所長。雲計算擅長全局性、非實時、長周期的大數據處理與分析，邊緣計算擅長現場級、實時和短周期的智能分析等。邊緣計算的本質是開放的分佈式平台，通過開放的平台提供智能控制、智能計算、智能連接等服務。

表 3.2　公有雲和邊緣服務器各有優勢

	公有雲	邊緣服務器
大數據分析	✓	
數據整合	✓	
長期數據存儲	✓	
實時處理需求		✓
網絡限制（連通性和帶寬）		✓

3.2.1　邊緣計算、5G 及典型應用

5G 時代已經到來。2019 年 6 月 6 日，工信部向中國電信、中國移動、中國聯通、中國廣電發放 5G 商用牌照，這意味着我國正式步入 5G 商用時代。

隨着牌照的下發，5G 將從試驗轉向試商用階段，屆時將會有至少百億級的終端和物體位於網絡邊緣。5G 具有低延遲、高帶寬、高容量的特點，其普及之後將解決通信領域目前遇到的很多問題。5G 帶來的驚人的速度、大規模的連接、超低的時延、爆炸式增長的數據等將很快融入生產和生活的方方面面。

雖然 5G 解決了通信方面的很多問題，但是水漲船高，隨着數據量的增大，應用對安全等的要求也迅速提高。由於 IoT（物聯網）節點比較弱，很多人還是願意把處理放到 IoT 節點之外去執行，比如雲上，但是 IoT 本身直接上雲又存在很多問題，需要邊緣計算來解決。

可見，5G 與邊緣計算是相輔相成的：邊緣計算賦能 5G，5G 通過實時控制提升雲計算和邊緣協作。邊緣計算提供了一種在本地處理、過濾甚至保護數據的方法，反過來又可以在增強 5G 網絡的價值方面發揮關鍵作用。

以自動駕駛汽車為例。自動駕駛汽車的邊緣計算平台需

要處理車輛的實時操作，但有些決策需要外圍的、基於雲的信息。例如，汽車的邊緣部件負責導航汽車安全地通過十字路口並避免發生交通事故。與此同時，導航決策和路徑規劃很可能來自雲。通過改進邊緣和雲之間的通信，5G 將為無數物聯網創新奠定基礎。

自動駕駛汽車

雖然完全自動駕駛仍遙遙無期，但科技企業和汽車企業已在這項技術上投入了數十億美元，部分企業 L4 級以內級別的自動駕駛車輛已進入測試階段。為了安全行駛，汽車需要收集和分析與其周圍環境、方向、天氣狀況等有關的數據，還要與路上的其他車輛進行通信。如此多的車輛同時收集和傳輸數據，如果服務商不採用新的計算解決方案，帶寬壓力將是不可想像的。

通過車載邊緣服務器進行實時處理對自動駕駛汽車的安全至關重要，無論是對乘客還是行人都是如此。自動駕駛汽車無法承受訪問公有雲所需的延遲，因為任何反應速度延遲都可能造成災難性的後果。比如，目前的公有雲 IaaS 系統最快的響應時間為 63ms，這對需要實時操作決策的自動駕駛汽車來說，很可能造成車毀人亡的事故。相比之下，邊緣計算由

於距離數據源頭近，無須先回傳雲上進行計算再下發指令，具有分佈式、低時延、效率高的特點。邊緣計算架構使自動駕駛汽車能夠實時收集、處理和共享車輛之間的數據，並將數據傳輸到更廣泛的網絡，幾乎沒有延遲。邊緣計算平台通過為邊緣網絡提供計算和存儲能力，提高了自動駕駛汽車的安全性。因此，邊緣計算將是自動駕駛汽車所需的一項關鍵能力。

AR/VR

增強現實（AR）和虛擬現實（VR）已經有了很多實際應用。增強現實是將數字符素覆蓋在真實環境之上，用戶通過眼鏡和耳機等可穿戴設備或智能手機來體驗增強現實的效果。比如，微軟在不久前發佈了一款「AR隔空辦公」產品，用戶只需要通過軟件和設備，就能建立一個虛擬的 AR「房間」，戴上 AR 眼鏡，便可以開始隔空辦公了。隔空雙方還可以通過 AR 進行交流、互動，進行隔空會議、現場創作等。虛擬現實則是利用計算機模擬產生一個三維空間的虛擬世界，提供視覺、聽覺、觸覺等感官的模擬，讓使用者有身臨其境的感覺。

增強現實和虛擬現實用戶需要大量的處理能力，要求

設備能夠將數據進行可視化處理並實時合併所呈現的可視化元素。另外，用戶對延遲非常敏感，只有設備將延遲減少到20ms之內，才能大幅減少用戶的暈動症。如果沒有邊緣計算，這些可視化數據需要返回到集中的雲服務器，在將其發送回設備之前再添加數字元素。這種安排不可避免地會導致嚴重的延遲。考慮到當前可用的網絡功能，AR/VR還無法利用公有雲。而邊緣計算允許物聯網設備即時合成AR顯示，允許用戶在任何地方體驗新的AR細節，而無須考慮加載時間，因此，邊緣計算體系結構對以最小延遲提供服務至關重要。

醫療設備

邊緣計算的另一個實際應用是健康監測器等可穿戴設備。這些設備用於在遠程醫療中跟蹤慢性病人的病情發展，以便在病人的病情惡化時及時被醫生發現並救助。例如，能夠獨立分析健康數據的心率監視器可以在病人需要時即時向護理人員發出警報，邊緣計算使其響應速度大大提高。

機器人輔助手術是醫療領域邊緣計算的另一個應用，其中，每一納秒都可能意味着生與死的區別。這些機器人必須能夠自己分析數據，以便在手術中提供安全、快速和準確的幫助，因而非常適合採用邊緣計算。

3.2.2　邊緣計算產品

2018 年，谷歌公司推出了兩款邊緣計算產品：一款新的芯片 Edge TPU 以及一款將谷歌雲強大的 AI 功能擴展到網關和連接設備的軟件棧（Cloud IoT Edge）。Edge TPU 是專門為在邊緣進行推理而打造的 ASIC 芯片，可以在邊緣部署高精度 AI。具體來說，用戶首先在雲上構建和訓練機器學習模型，然後通過 Edge TPU 硬件加速器在軟件棧設備上運行這些模型。

Edge TPU 的設計旨在作為谷歌雲 TPU 的補充，用戶可以在雲端加速機器學習模型的訓練，然後在邊緣進行快速的機器學習推理。這時候，傳感器不只具備數據採集的功能，還能

模塊上系統

載板

圖 3.5
Edge TPU 開發套件：包含一個模塊上系統（SoM）和一個載板

夠做出本地的、實時的、智能的決策。

在國內，阿里雲在 2018 年宣佈戰略投入邊緣計算技術領域，並發佈首款物聯網邊緣計算產品 Link Edge，其核心理念是將計算擴展至邊緣，在離設備最近的位置執行。此外，Link Edge 還支持多種主流系統，包括 Linux、Windows、Raspberry Pi 等。

物聯網邊緣計算可以應用在智慧小區、智慧工業、智慧能源等場景。以智慧小區為例，安裝在室內外的邊緣設備負責收集數據，再根據場景的需求來定製自動化小區。在這樣的智慧小區中，業主步行或駕車回到小區，小區門口、樓宇單元門的人臉識別系統及車牌識別系統會自動進行安全識別並放行，電梯自動到達一層等候。

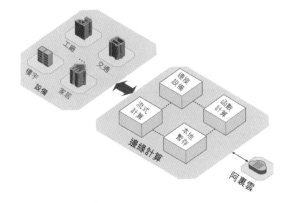

圖 3.6
阿里雲物聯網邊緣計算產品 Link Edge 的架構

　　2019 年 1 月在美國舉辦的國際消費類電子展覽會（International Consumer Electronics Show，CES）上，百度智能雲也發佈了一款智能邊緣計算產品 BIE（Baidu Intelligent Edge），以及智能邊緣計算的開源版本 OpenEdge。BIE 可以讓邊緣端設備擁有一定的自主決策能力，從而提高作業的執行效率，降低成本。

　　BIE 以容器化、模塊化的方式，賦能無處不在的邊緣計算節點，讓本地設備、網關、控制器、服務器具備數據通信、本地計算及 AI 推斷、雲端配置同步等能力。

3.2.3　雲、邊、端三位一體，全局計算加速智能產業落地

　　萬物互聯將帶來大量的計算，僅有端或僅有雲都很難滿足，因為端和雲是有分工的。端側非常適合解決個體的問

圖 3.7　百度智能邊緣計算 BIE 的架構

題，需要實時處理信息；雲側解決的則是更大的問題，需要進行複雜的計算。而在數據隱私、應用環境和商業化這三方面的推動下，雲和端之間的邊緣計算應運而生。作為中樞，雲有必要把各個端上經過計算的數據匯集到雲端，因為在每一個邊緣點上看到的可能只是一個片段，匯集到一起以後，通過全局計算才能分析出相應的全貌。5G 打通了雲和邊緣，使雲和邊緣之間的同步變得更加簡單，讓雲、邊、端三位一體成為可能。

想要成為人工智能的領跑者，產業落地是關鍵。隨着邊緣計算的不斷發展，雲、邊、端逐漸趨於「融合」，三位一體全局式的計算模式必將加速智能產業的落地。

3.3　AI 芯片群雄逐鹿，抓住 AI 歷史機遇

凡是主要用來支撐人工智能應用計算的芯片都可以叫作 AI 芯片。從這個角度來看，在我們的生活中 AI 芯片已經無處不在，因為人工智能的應用已經無處不在，從人臉識別、智能助理、圖像處理到自動駕駛等，只要有這些應用，就必然產生對智能計算的需求，無論是在雲端、邊緣還是終端。

3.3.1　AI 芯片的主要類別

具體地說，AI 芯片是為加速人工智能應用，特別是為人工神經網絡、計算機視覺和機器學習而設計的一類芯片，主要包括 GPU、FPGA、ASIC 以及類腦芯片。在人工智能時代，它們發揮各自優勢，呈現出百花齊放的局面，下面我們對三種已有相對成熟技術路線的芯片稍作介紹。

GPU

圖形處理器（Graphics Processing Unit，GPU）最初是圖像處理領域的專用硬件。由於神經網絡和圖像處理的數學基礎相似，也涉及大量並行任務，因此，GPU 越來越多地被用於機器學習任務。隨着 GPU 在人工智能領域的應用日益廣泛，GPU 廠商紛紛將神經網絡專用硬件引入其中，進一步加速這些任務的執行。

FPGA

現場可編程門陣列（Field-Programmable Gate Array，FPGA）是一類更靈活的芯片。FPGA 可以在生產後重新編程，以滿足應用程序或功能所需。FPGA 的可編程特性也將其與專用集成電路（Application Specific Integrated Circuit，ASIC）區分開來，ASIC 是專為特定的設計任務定製的。

　　在深度學習框架不斷發展演進的背景下，定製硬件的設計往往缺乏靈活性。FPGA 等可重新配置設備的出現，使硬件、框架和軟件更容易一起發展。FPGA 主要應用於機器學習推理、視頻算法以及許多小體積專業應用。微軟公司已經開始使用 FPGA 芯片來加速人工智能推理。

ASIC

　　雖然 GPU 和 FPGA 在與人工智能相關的任務中比 CPU（中央處理器）執行得更好，但它們在面積、速度方面的優化程度仍不如完全定製的集成電路。使用 ASIC 則可以獲得數倍甚至數十倍的效率提升，而且一旦量產後，ASIC 的成本也會遠低於 FPGA。

　　接下來介紹的 AI 芯片，主要是針對 AI 算法進行優化的 ASIC，如谷歌的 TPU（張量處理單元，Tensor Processing Unit），它是谷歌專為人工智能開發的一款 ASIC。TPU 是為谷歌 TensorFlow 等機器學習應用打造的，能夠大幅降低功耗，提高運算速度，在相同時間內能夠處理更複雜、更強大的機器學習模型並更快將其投入使用。

3.3.2　國產 AI 芯片從 0 到 1 的顛覆式爆發機會

　　作為芯片的主要消費國，中國對芯片需求的增長帶動了

整個行業的發展。然而，國產芯片只能滿足自身需求的 30% 左右。隨着宏觀經濟形勢的轉變和人工智能價值的不斷增長，中國政府和領先的科技企業已經意識到，增加國內半導體的自給量是未來的一個重要任務，開始大力投資芯片製造設施和人才，以求實現半導體行業的獨立。德勤全球預測，2019 年，中國製造的芯片收入將在 2018 年 850 億美元的基礎上增長 25%，達到 1 100 億美元左右，以滿足國內對芯片日益增長的需求，這在一定程度上是由人工智能的日益商業化推動的。

人工智能時代，中國 AI 芯片企業開始迅速崛起，華為、阿里巴巴、寒武紀、地平線等國內領先的芯片設計企業，紛紛推出自主研製的 AI 芯片，並開始逐步落地，國產 AI 芯片有望實現從 0 到 1 的突破。

華為：第二代 AI 芯片海思麒麟 980、計算能力最強 AI 處理器昇騰 910

在 2018 年柏林國際消費電子展（Internationale Funkausstellung Berlin，IFA）上，華為面向全球發佈了新一代頂級人工智能手機芯片——麒麟 980。作為新一代頂級人工智能手機芯片，麒麟 980 在工藝製程、運算性能等各方面都有了突破性的進步。麒麟 980 是全球首款採用 7nm 工藝製程的

手機芯片，成功在指甲大小的芯片上塞進了 69 億個晶體管，實現了性能與能效的全面提升。

2019 年 8 月 23 日，華為正式量產商用計算能力最強的 AI 處理器昇騰 910（Ascend 910），它屬於 Ascend-max 系列。實際測試結果表明，在計算能力方面，昇騰 910 完全達到了設計規格，即半精度（FP16）計算能力達到 256 Tera-FLOPS，整數精度（INT8）計算能力達到 512 Tera-OPS；而達到規格計算能力所需功耗僅 310W，明顯低於設計規格的 350W。

阿里巴巴：平頭哥首款芯片玄鐵 910

2018 年 9 月，阿里巴巴成立平頭哥半導體有限公司，將此前收購的中天微系統有限公司和達摩院自研芯片業務整合成一家芯片公司，推進雲端一體化的芯片佈局。中天微是我國一家自主嵌入式 CPU IP 核公司。基於中天微 CPU IP 核的 SoC 芯片累計出貨量已突破 8 億塊。而在平頭哥半導體有限公司成立前，達摩院宣佈正研發一款神經網絡芯片——Ali-NPU，該芯片將用於圖像視頻分析、機器學習等 AI 計算。

2019 年 7 月 25 日，阿里巴巴旗下半導體公司平頭哥正式發佈玄鐵 910（XuanTie 910），它是目前性能最強的 RISC-V 處理器之一。玄鐵 910 可以用於設計製造高性能端上芯片，應

用於 5G、人工智能以及自動駕駛等領域。「玄鐵」之名取自金庸小說中的第一神劍，玄鐵 910 是 CPU 的 IP 核，是芯片的關鍵內核驅動力所在。玄鐵 910 支持 16 核，單核性能達到 7.1 Coremark/MHz，主頻達到 2.5GHz，比此前最好的 RISC-V 處理器性能高 40% 以上。

寒武紀：最新一代雲端 AI 芯片 MLU100 問世

寒武紀在 2018 年發佈了第三代 IP 產品 Cambricon1M 和最新一代雲端 AI 芯片 MLU100 和板卡產品。MLU100 採用寒武紀最新的 MLUv01 架構和台積電 16nm 的先進工藝製程，平衡模式下的等效理論峰值速度可達每秒 128 萬億次定點運算，高性能模式下的等效理論峰值速度更可達每秒 166.4 萬億次定點運算。

地平線：新一代自動駕駛處理器征程 2.0 架構

2017 年底，地平線發佈了兩款 AI 處理器：征程（Journey）和旭日（Sunrise），它們都屬於嵌入式人工智能視覺芯片，分別面向自動駕駛和智能攝像頭。這兩款芯片，性能可達到 1TOPS（Tera-Operations per Second，每秒執行 10^{12} 次操作），可實時處理 1080P 分辨率下每秒 30 幀的視頻，每幀可同時對 200 個目標進行檢測、跟蹤、識別，典型功耗卻只有 1.5W。

2018 年，地平線發佈了新一代自動駕駛處理器征程 2.0，以及基於征程 2.0 處理器架構的高級別自動駕駛計算平台 Matrix 1.0。Matrix 1.0 最大化嵌入式 AI 計算性能，是面向 L3 級 /L4 級自動駕駛的解決方案。

依圖科技：雲端 AI 芯片「求索」

2019 年 5 月，依圖科技推出雲端 AI 芯片──求索（questcore）。求索是依圖科技推出的第一款雲端深度學習推理定製化 SoC 芯片，專為計算機視覺領域分析任務打造，可以針對視覺領域的不同運算進行加速，適用於人臉識別、車輛檢測等多個應用場景。

以上僅介紹了我國近年來一些突出的芯片企業和產品。當前，AI 芯片產業尚處於起步階段，各國都在這一領域展開競爭。國內芯片產業經過多年歷練，已經穩步提升了芯片生產能力。但中國在芯片工藝製程方面仍然是落後的。芯片製造需要大量的資本投資，因為製造非常小的電路需要非常龐大的工業流程。國內最先進的芯片製造商（如中芯國際）仍在努力發展 14nm 工藝製程，而英特爾、AMD 等企業 7nm 工藝製程已經能夠量產，並開始展開 5nm 工藝製程試產了。按照這個標準，目前中國芯片產業落後於全球領先企業兩到三代。

為了加快國產芯片的發展，國家加大了對集成電路產業的支持力度，僅國家和地方等政策性資金就已經超過了 5 000億元，再加上對產業資本和金融資本的帶動，未來十年投向集成電路產業的資金預計將達到萬億級別。此外，為支持集成電路設計和軟件產業發展，2019 年 5 月 17 日，財政部、國家稅務總局正式發佈公告，給予集成電路設計和軟件產業企業所得稅優惠：

依法成立且符合條件的集成電路設計企業和軟件企業，在 2018 年 12 月 31 日前自獲利年度起計算優惠期，第一年至第二年免徵企業所得稅，第三年至第五年按照 25%的法定稅率減半徵收企業所得稅，並享受至期滿為止。

在市場和政策的雙重刺激下，國產 AI 芯片絕非沒有從 0到 1 的機會。谷歌在 2011 年決定研發 TPU，到今天看到了效果：不僅 AlphaGo 在圍棋比賽中大放異彩，更重要的是做成了一項 AI 服務，商業潛力巨大。這也折射出一個新的趨勢：深刻理解人工智能的軟件將促進處理器架構的研發效率，針對應用型場景的 AI 芯片將可能是中國未來發展的巨大機會。隨着人工智能和支撐人工智能的專用芯片的發展，中國芯片製造商有機會抓住人工智能的歷史機遇。

3.4 大國重器：中國的超級計算機

超級計算機是功能最強、運算速度最快、存儲容量最大的一類計算機，多用於高科技領域和尖端技術研究，被譽為計算機中的「珠穆朗瑪峰」。超級計算也被認為是一個國家科研實力的體現，對國家安全、經濟和社會發展具有舉足輕重的意義，也是體現一個國家科技競爭力和綜合國力的重要標誌。

簡單來說，超級計算機就是運算速度超級快（高性能計算）的計算機。究竟有多快呢？現有的超級計算機運算速度大都可以達到每秒一萬億次以上，能夠執行一般個人計算機無法處理的大資料量和高速運算。超級計算機的基本組件與個人計算機的概念相比並沒有太大差異，但規格和性能都要比個人計算機強大許多。

超級計算機憑藉強大的計算能力，能夠在短時間內處理海量數據，為人工智能的快速研發和高效運轉提供底層技術支持。例如，國內一家互聯網醫療企業採用超級計算平台作為其AI診療服務的計算設施，其AI技術團隊的研發效率提升了一倍，之前的系統需要消耗數周計算資源才能完成的，人工智能模型在超級計算平台上幾天就可以完成訓練。對醫療AI來說，依靠超級計算平台強大的計算能力不斷訓練優化模型，有

助於得出更精準的分析結果。

超級計算機速度以每秒浮點運算次數「FLOPS」（Floating-Point Operations per Second）作為量度單位，常用於表示計算機中的峰值或速度單位介紹如下：

● 一個 MFLOPS（megaFLOPS）代表每秒執行 100 萬（=10^6）次的浮點運算；

● 一個 GFLOPS（gigaFLOPS）代表每秒執行 10 億（=10^9）次的浮點運算；

● 一個 TFLOPS（teraFLOPS）代表每秒執行 1 萬億（=10^{12}）次的浮點運算；

● 一個 PFLOPS（petaFLOPS）代表每秒執行 1 000 萬億（=10^{15}）次的浮點運算；

● 一個 EFLOPS（exaFLOPS）代表每秒執行 100 億億（=10^{18}）次的浮點運算。

從技術角度看，CPU 是一台計算機的心臟。傳統計算機一般只有一塊 CPU，最多有 8 個物理核心。而超級計算機的「心臟」要龐大得多，不僅有成千上萬塊 CPU，每塊 CPU 還有幾十至幾百個物理核心。這麼大數量的 CPU 的設計旨在實現高性能、高可靠性和低功耗，通過並行計算來完成繁重的計算任務。當然，CPU 只是超級計算機整體的一部分，使用超

高速互連技術連接所有的 CPU，並在它們之間進行數據傳輸的技術也同樣重要。

超級計算機常用於需要大量計算的工作，如天氣預測、氣候研究、模擬核試驗、天體物理模擬、破解加密編碼、新藥發現、新材料研究等。設立於 1987 年的戈登・貝爾獎被稱為「高性能計算領域的諾貝爾獎」，是國際高性能計算應用領域的最高學術獎項，該獎項一直被美國和日本壟斷近 30 年。但在 2016 年，中國研究團隊憑藉在超級計算機「神威・太湖之光」上運行的「全球大氣非靜力雲分辨模擬」應用一舉摘得戈登・貝爾獎，實現了我國高性能計算應用成果在該獎項上零的突破[1]。

超算應用水平是一個國家超算軟實力的象徵。拿下戈登・貝爾獎表明我國超級計算應用軟件研製水平和應用水平已得到顯著提升。在 2017 年，我國超算應用再次蟬聯戈登・貝爾獎，獲獎的是基於我國超級計算機「神威・太湖之光」的應用「非線性地震模擬」。

3.4.1　國之重器——中國擁有全世界最多的超級計算機

世界超級計算機 500 強榜單自 1993 年 6 月開始公佈以

1　中國科學報 2016 年 11 月 21 日：《中國超算應用首摘「戈登・貝爾」獎》。

來，每 6 個月更新一次排名，成為各大國競相追逐的「陣地」之一。

表 3.3　自 2000 年以來排名第一的超級計算機

公司	名稱	國家	時間
IBM	頂點	美國	2018.6~
國家並行計算機工程技術研究中心	神威・太湖之光	中國	2016.6~2018.6
國防科技大學	天河二號	中國	2013.6~2016.6
克雷公司（Cray）	泰坦（超級計算機）	美國	2012.11~2013.6
IBM	藍色基因/Q	美國	2012.6~2012.11
理化學研究所（RIKEN）	京（超級計算機）	日本	2011.6~2012.6
國防科技大學	天河一號	中國	2010.11~2011.6
克雷公司（Cray）	美洲虎（超級計算機）	美國	2009.11~2010.11
IBM	走鵑（超級計算機）	美國	2008.6~2009.11
IBM	藍色基因/L	美國	2004.11~2008.6
日本電氣（NEC）	地球模擬器	日本	2002.6~2004.11
IBM	ASCI White	美國	2000.11~2002.6

來源：維基百科。

2006 年，我國頒佈《國家中長期科學和技術發展規劃綱要（2006—2020 年）》，明確提出要掌握千萬億次高效能計算

機研製的關鍵技術，並將「高效能計算機及網格服務環境」列為「十一五」期間「863」重大課題。

面對超算發展新趨勢，2016 年，科技部結合「十三五」發展規劃，通過國家重點研發計劃支持，開始分兩期啟動我國 E 級計算機研製計劃。第一期主要為「E 級計算機關鍵技術」研究，安排了 3 個 E 級原型機的研製，第二期為具體研製 E 級計算機。

國家在超級計算領域的大力投入收穫了成果。從部署在國家超級計算天津中心的「天河一號」起步，我國超算開始問鼎世界桂冠。一路走來，先後有「天河二號」和「神威‧太湖之光」等傳承和發展。憑藉「天河二號」和「神威‧太湖之光」，分別 6 次和 4 次拿到超算 Top500 冠軍。截至 2018 年 6 月，美國憑藉「頂點（Summit）」，時隔多年後重回榜首。而就在榜單發佈不久，新華社消息稱，我國自主研發的新一代百億億次超級計算機──「天河三號」E 級原型機已完成研製部署，並預計於 2020 年研製成功[1]！

目前，我國是全球擁有最多超級計算系統的國家。根據 2019 年 6 月召開的 2019 國際超算大會（ISC 2019）上披露的

1　新華社 2018 年 7 月 26 日：《國產百億億次超算技術實現新突破「天河三號」E 級原型機完成研制部署》。

數字，我國進入全球超算 Top500 榜單的超級計算機數量達到
219 台，佔比 43.8%，但性能佔比只有 30%，而且共有 9 套部
署在中國地區的超算系統入圍此次榜單的 Top100。中國超算
取得的成績雖然備受矚目，但是仍有進步空間。

截至 2019 年，科技部批准建立的國家超級計算中心共
有 7 家，分別是國家超級計算天津中心、國家超級計算廣州
中心、國家超級計算深圳中心、國家超級計算長沙中心、國
家超級計算濟南中心、國家超級計算無錫中心和國家超級計
算鄭州中心。這些中心在生物醫藥、海洋科學、油氣勘探、
氣候氣象、金融分析、信息安全、工業設計、智慧城市等領
域提供計算和技術支持服務，為我國科技創新和經濟發展提
供平台支撐。

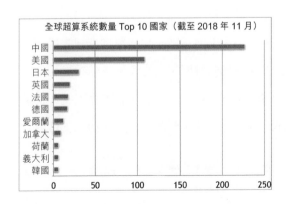

圖 3.8
全球超算系統數量
Top10 國家
（來源：根據超算 Top
500 榜單整理，截至
2018 年 11 月）

蟬聯世界第一的中國超級計算機——「神威·太湖之光」

截至 2019 年 6 月，世界上運算速度最快的超級計算機是美國能源部所屬的橡樹嶺國家實驗室開發建造的「頂點」超級計算機，它的峰值運算性能為 200PFLOPS，即每秒執行 20 億億次浮點運算。而在「頂點」之前蟬聯世界第一的中國超級計算機「神威·太湖之光」的峰值運算性能為 125PFLOPS，持續性能為 93.9PFLOPS。

93.9PFLOPS 意味着什麼呢？對此，國家超級計算無錫中心主任楊廣文做了一個形象的比較：「簡單來說，這套系統 1 分鐘的計算能力，相當於全球 72 億人同時用計算器不間斷計算 32 年；「神威·太湖之光」共有 40 960 塊處理器，每塊處理器相當於 20 多台常用筆記本電腦的計算能力，4 萬多塊組裝到一起，速度之快可想而知 [1]。

尤為重要的是，「神威·太湖之光」的核心技術是我國完全自主可控的，這是國家在 2014 年立項時做出的明確要求，並於當年年底完成了原型機的測試，在 2015 年底完成了「神威·太湖之光」系統的研製與組裝。「神威·太湖之光」採用

---

1 《人民日報海外版》2016 年 6 月 28 日：《「神威·太湖之光」神在何處》。

圖 3.9
「神威‧太湖之光」
（宦偉 / 視覺中國）

自主研發的「申威」CPU，為我國自主核心技術。整套系統
一共包含 40 960 塊 260 核心的「申威 26010」CPU，以及專門
開發的全新眾核架構，其軟件基礎則建立在一套特別版本的
Linux 之上。

**中國率先邁入百億億次超算時代——「天河三號」E 級
原型機研製成功**

　　據新華社 2018 年 7 月 27 日報道，我國自主研發的新一
代百億億次超級計算機 ——「天河三號」E 級原型機已經
在國家超級計算天津中心完成研製部署，並順利通過分項驗
收。該原型機系統採用了三種國產自主高性能計算和通信芯
片。在此基礎上，「天河三號」超級計算機預計於 2020 年研
製成功。

百億億次超級計算機也就是 E 級超級計算機。當前，有關新一代百億億次超級計算機的研製計劃是國際上尖端信息技術創新和競爭的制高點。美國和日本均已提出 E 級超級計算機的研製計劃，都擬在 2020 年或之後完成研製。

相比上一代超級計算機，「天河三號」是劃時代的先進技術作品。它實現了豐富的技術創新，這在原型機上就已經得到淋漓盡致的體現。「幾十年的積累和不斷的技術創新，在『天河』超級計算機核心關鍵技術上實現了整體自主可控。」國家超級計算天津中心主任劉光明說，在「天河三號 E 級原型機系統」項目實施中，團隊自主設計了三款芯片：「邁創」眾核處理器（Matrix 2000 ＋）、高速互連控制器和互連接口控制器；設計了四類計算、存儲和服務節點以及十餘種印製電路板，設計和實現了新型的計算處理、高速互連、並行存儲、服務處理、監控診斷、基礎架構等硬件分系統，以及系統操作、並行開發、應用支撐和綜合管理等軟件分系統。

在原型機上取得關鍵技術的突破，支撐了「天河三號」百億億次整機系統研製全面計算、訪存、通信性能平衡的設計方案。未來，「天河三號」將對已經設計生產的計算、互連通信核心芯片再進行全面升級，進一步完善可支持艾字節（EB）級海量數據存儲的層次式存儲系統，優化適用高性能計算和

高效大數據處理的柔性體系結構。預計在 2020 年左右，我國將打造出全自主的具有國際領先水平的新一代「天河三號」E級超級計算機。屆時，其運算能力將比「天河一號」提高 200倍，實現質的飛躍[1]。

3.4.2　超級計算機走進中國人的生活

超級計算機看起來遙不可及，其實已經通過與人們生活息息相關的一些行業應用，走進了千家萬戶，為人們日常生活的衣食住行保駕護航。

例如，最常見的天氣預測就離不開超算。中國科學院院士、中國科學院大氣物理研究所研究員曾慶存說，預測未來一個月的天氣、一年甚至數十年的氣候，關係到國民經濟建設方方面面，如夏季洪澇、冬季霧霾、農業規劃、能源佈局等，在全球變暖的大背景下，氣候預測愈顯重要。但是，預測天氣和氣候卻是世界上最複雜的問題之一。

氣象預測對高性能計算的要求非常高，比如中國氣象局最近一次提出的計算需求是：高性能計算系統峰值運算速度要不低於 8000 萬億次每秒，每 1 個 CPU 核至少對應 6GB 內

1　新華社 2018 年 7 月 26 日：《國產百億億次超算技術實現新突破「天河三號」E 級原型機完成研制部署》。

存，在線存儲容量要大於 12.6PB，全系統可用度超過 99%，等等。2019 年 4 月，我國國產模式、數據「三合一」的氣象高性能計算機系統「派 - 曙光」正式上崗，來自我國「風雲」系列國產氣象衛星的數據，即全面應用到這台國產高性能計算機系統所支持的業務和科研作業中，試運行期間已經參與到「瑪麗亞」「安比」「山竹」等颱風的預報重任中[1]。

　　再比如「行」的方面，未來，普通人花更少的錢就能買到高性能的國產汽車。這是因為，在汽車研發領域，開始利用超級計算機進行大規模仿真計算，讓整個汽車產業的研發成本減少了上千萬元。例如，汽車研發中的碰撞測試是十分重要的，也是成本十分高昂的環節，僅一次測試中使用的假人身價就高達數百萬元。而虛擬仿真可以藉助超級計算機的強大計算能力，將真實世界中汽車碰撞測試的整個複雜的物理過程在計算機上復現出來，通過計算機上的操作計算代替實際碰撞。實際碰撞試驗的結果和仿真計算的計算結果高度一致，超級計算機仿真的精度可以達到 90% 甚至更高。此外，仿真計算還讓新車設計的時間大大縮短，車體結構優化大幅度提升。超算讓汽車變得質優價廉，讓人們的出行更加舒適。

1　中國青年報 2019 年 4 月 22 日：《國產「大腦」算的天氣預報更準嗎》。

3.5   量子計算機：一種基於量子力學的全新設備

量子計算機是一種使用量子邏輯進行通用計算的設備。不同於電子計算機（或稱傳統計算機），量子計算機存儲數據的對象是量子比特，使用量子算法來進行數據操作。顧名思義，量子力學研究的微觀粒子的運動規律，如電子、光子，而量子計算機則通過控制這些粒子的運動來實現運行，其運行方式與傳統計算機截然不同。

量子計算機利用量子相干疊加原理，理論上具有強大的並行計算和模擬能力。曾有人打過一個比方：如果說傳統計算機的速度相當於自行車，那麼量子計算機的速度就好比飛機。一台操縱 50 個微觀粒子的量子計算機，對特定問題的處理能力就可超過目前的「神威・太湖之光」超級計算機。

前面說到，超級計算機是傳統計算機的加強版，因為二者的基本組件和概念沒有太大差異。但量子計算機卻不只是傳統計算機的加強版，就像電燈泡不是蠟燭的加強版一樣，無論怎樣改良蠟燭也做不出電燈泡，因為二者採用的是完全不同的技術，底層的科學基礎也完全不同。同樣，基於量子力學的量子計算機也是一種全新的設備。

目前的經典計算機的處理器的計算性能已經越來越遠離

摩爾定律，因為處理器中晶體管的數量無法再如摩爾定律的預測一般每兩年翻一番，性能面臨瓶頸。量子計算卻有望給人工智能帶來革命性的改變。量子比特的獨特屬性使量子計算機在處理一些運算的時候速度更快，理論上具有超快的並行計算和模擬能力。量子計算的核心優勢是可以實現高速並行計算，這正符合人工智能計算的特性。當量子芯片的計算能力滿足人工智能對運算能力的需求時，人工智能將不再依賴於大型服務器集群。

3.5.1 中國量子計算研究成果斐然

我國的量子計算研究力量正不斷加強，不僅大學院校和研究機構在該領域貢獻良多，如中國科學院量子信息重點實驗室、清華大學量子信息中心等。各大科技企業也紛紛在佈局量子計算。最近兩年來，阿里巴巴、百度、騰訊、華為等都已經進軍量子計算領域，組建實驗室，並不斷發表學術論文和實驗成果。

中科大半導體量子芯片開發取得重要進展

2016 年 8 月，我國量子芯片開發取得重要進展。中科大郭光燦院士領導的中科院量子信息重點實驗室郭國平研究組成功實現了量子相干特性好、操控速度快、可控性強的電控

新型編碼量子比特。成果發表在國際權威物理學雜誌《物理評論快報》（Physical Review Letters）上。量子芯片相當於未來量子計算機的「大腦」，研製成功後可實現量子的邏輯運算和信息處理。

清華大學量子信息中心在超導系統中實現量子人工智能算法

2019 年 1 月，清華大學交叉信息研究院孫麓巖、鄧東靈研究組與中科大鄒長鈴研究組合作，在超導系統中首次實現了量子生成對抗學習，展示了量子器件應用於人工智能領域中的可行性及巨大潛力。量子生成對抗網絡（Quantum Generative Adversarial Network，QGAN）的基本原理與經典的生成對抗網絡（GAN）幾乎是一樣的，區別在於 QGAN 的生成器和判別器是由量子器件或者量子網絡構成，訓練用的數據集也可以是量子數據（如量子態等）。孫麓巖研究組與合作者在超導系統中首次實現了 QGAN，展示了從量子數據集中學習有用模式的可行性。此實驗為今後研究中等尺度量子器件在機器學習方面的量子優勢做好鋪墊，可能對量子人工智能領域的發展產生深遠影響[1]。

1　清華新聞網 2019 年 1 月 29 日：《清華量子信息中心孫麓岩、鄧東靈研究組合作在超導系統中實現量子人工智能算法》。

阿里巴巴量子實驗室宣佈研製出全球最強量子電路模擬器「太章」

2018 年 5 月，阿里巴巴量子實驗室施堯耘團隊宣佈成功研製當時世界最強的量子電路模擬器，名為「太章」。「太章」是一個量子計算的經典模擬器，它藉助阿里巴巴強大的分佈式計算平台，成功模擬了一些作為基準的中等規模的量子電路。「太章」正在成為阿里巴巴基於張量的量子激發經典計算系統裏的計算引擎，它將成為研發量子計算物理實現和應用的核心工具之一。

3.5.2　量子技術改變我們的工作生活

就像電燈給社會帶來了翻天覆地的變革一樣，量子技術在現實世界的應用也將在未來改變人們工作和生活的方方面面。

其中一個方面是，量子的不確定性可以用來創造私鑰，將從一個地方發到另一個地方的信息加密。量子密鑰分發可以利用量子力學特性來保證通信的安全性，它使通信的雙方能夠產生並分享一個隨機的、安全的密鑰，來加密和解密消息。目前全球銀行和其他機構已經在測試這種無法破解的加密方法了，這將影響到世界金融和我們個人財務的安全。

量子技術也將改變醫療保健和醫藥行業。例如，在藥物

研發領域中，一個極具挑戰性的難題是設計和分析分子，因為從計算角度來看要準確描述分子中所有原子的特性是極難的，甚至對超級計算機而言也不例外。但是量子計算機在這個問題上有獨特優勢。因此，在未來的藥物研發中，大規模量子模擬或許將有助於研發新藥物，來治療如阿爾茨海默症等影響成千上萬人的疾病。

3.6 「智能＋」：未來十年世界科技產業主發動機

3.6.1 「智能＋」接棒「互聯網＋」，助力企業升級

　　「智能＋」一詞在筆者創立新智元時就被提出，成為我們矢志不渝的願景與目標，新智元的願景在 2015 年 9 月創立時就是成為「智能＋」中國的生態服務平台。「智能＋」概念 2017 年也在騰訊的一次峰會上被重點推出，當時騰訊的「雲智天殊」平台被稱為「智能＋開發」平台。筆者和新智元也不遺餘力地舉辦各種活動來推動「智能＋」在各行業落地。

　　「智能＋」和「互聯網＋」一脈相承，「互聯網＋」是把互聯網技術應用到企業的生產經營以及銷售的日常活動當中；而「智能＋」的目的則是在企業的日常經營活動中找到人工智

圖 3.10
作者主持新智元舉辦的「智能＋」相關會議

能的切入點，幫助企業降低成本、增加效益、更好創新。

如 1.5 節所述，2019 年，「智能＋」首次出現在政府工作報告中。這是國家層面對人工智能定位和現實意義的一次概括，也是繼「互聯網＋」被寫入政府工作報告之後，「智能＋」第一次出現在政府工作報告中。

「智能＋」是助力企業升級的好方法。一方面，設備的交互方式發生改變，今後可通過聲控和遠距離控制等方式讓家電變得更易於操控；另一方面是產生聯動性，以家電為例，以往每個家電都是獨立的個體，「智能＋」之下會構成一個協同的整體和不同的圈層，有的圈層負責交互，有的圈層負責執行。這些設備之間產生聯動、產生新體驗的時候就會

激起大家對這些智能設備的嚮往，也會對實體經濟產生比較大的助力。

「智能＋」融合了智能應用、工業應用、人工智能、物聯網、雲終端、5G 等概念。「智能＋」接棒「互聯網＋」，體現了基於數字革命的 AI 技術對社會生產的全新賦能。從宏觀層面來看，「智能＋」成為賦能傳統行業的新動力，AI 技術與傳統行業深度融合，規模化產業落地的時機已然來臨。從微觀層面來看，藉助物聯網、大數據、雲計算技術的豐富應用，智能醫療、智能交通、智能金融等「智能＋」應用會讓我們擁有更加智能的萬物互聯的生活。因此，「智能＋」對未來十年的科技產業發展將起到發動機般的推動作用。

3.6.2　智能雲、邊緣計算和萬物互聯的新智能世界

2019 年 3 月 27 日，新智元 AI 技術峰會——智能雲・芯世界在北京舉辦。來自英特爾、谷歌、阿里巴巴、騰訊、華為等全球人工智能企業以及清華大學、北京大學等高校專家聚焦邁入超異構時代的 AI 計算，芯片助力產業互聯網實現變革、雲端芯全場景智慧化以及 5G 與邊緣 AI 在工業物聯網的落地案例，探索中國芯、雲的未來十年大勢。

本節觀點主要來自會上的「AI 技術領袖論壇」環節，筆

圖 3.11　新智元 AI 技術峰會──智能雲・芯世界

者同阿里雲數據智能總經理曾震宇，騰訊雲副總裁王龍，華為消費者 BG 首席戰略官邵洋，360 集團副總裁、人工智能研究院院長顏水成，三星電子中國研究院院長張代君等特邀嘉賓討論的內容。

　　AI 芯片和智能雲將決定未來智能產業的發展趨勢。這不僅是企業之間的競爭，也是國與國之間的競爭。

　　從產業競爭的角度來看，各國都在爭奪人工智能領域的領先地位。微觀層面是企業之間的競爭，核心還是要靠國家層面的競爭力。在中美 AI 競爭中，中國具有很多優勢。首先，人口是 AI 產業的基礎。中國的人口數量較大，中國的互聯網

圖 3.12
作者在會上與專家
進行訪談

應用活躍度超過美國，人均用機時長、產生的數據量也都遠超美國，這對 AI 學習速度、訓練速度來說都是非常大的機遇。其次，數據是一個國家的關鍵資產，在國家層面進行閉環是非常自然的，中國和美國是最有機會形成閉環的國家，二者都有非常大的可學習資源來發展 AI。最後，中國有產業政策的優勢，因為國家層面可以通過很多辦法推動落後企業實現信息化和智能化。除了移動互聯網之外，能夠把這種強項滲透到更多的行業，在數據領域積累更多的優勢。

　　雲計算、邊緣計算和 AI 芯片的競爭是一種良性的競爭。不僅在國內如此，在國際上也是如此，眾多廠商在一起競爭，在同一個市場上發力，這也是一個巨大的機會。雖然中國的整個雲產業收入比亞馬遜雲服務（AWS）低很多，但這只是

雲計算發展過程中的一個階段，中國雲計算的市場規模潛力會比美國大很多。中國現在的信息技術從業人員總數低於美國，一方面說明中國的信息技術與美國相比還有很大差距，另一方面也說明信息技術產業發展的天花板很高。在這個背景下，各廠商如何定位，如何提供更有效率、體驗更好的產品，是企業能否發展到萬億美元市值的重要因素。

人工智能物聯網（Artificial Intelligence & Internet of Things，AIoT）的使命是數字化物理世界，構建起萬物互聯的世界。在萬物互聯的時代，物理連接所需的底層計算能力——芯片的需求量非常龐大，市場潛力巨大，這也是企業研製 AI 芯片的原因。

未來，智能雲、邊緣計算和萬物互聯的新智能世界，將迎來雲、邊、端的萬億美元市場。伴隨雲、邊、端和人工智能的不斷發展，全球智聯網將誕生，並將帶來巨大的技術和市場機遇。超級計算機和量子計算機作為 AI 的革命性計算基礎設施，提供了新的增強計算能力的思路，有望實現計算能力上的超越，提升 AI 研發和部署的效率，拓展應用場景。在政策支持和市場需求的雙重利好之下，大力推進自主自研的中國，將有機會在雲計算、邊緣計算、AI 芯片等智能時代的核心技術上進行突圍。

第四章

中國，人工智能的新天地

　　人工智能技術創新日益活躍，與實體經濟深度融合，成為傳統產業升級轉型的催化劑，並不斷賦能工業互聯網、服務機器人、智慧園區、智慧城市等產業高質量發展。

　　「三百六十行，行行 AI＋」，人工智能正在深刻地改變各行各業的面貌。在中國，人工智能賦能交通、安防、零售、家居、醫療、金融等，一個萬物互聯的智能社會面貌正在展現。智能終端、智能設備、智能化城市、智能化經濟等社會經濟各領域向智能化加速躍升。人工智能將在中國創造一個「智能＋」的新天地。

4.1　人工智能賦能現代交通，「AI＋駕駛」開創全新模式

4.1.1　無人駕駛清掃車，從上海迪士尼開到德國威廉港

　　午夜 12 點，上海迪士尼樂園在夜幕中漸入寂靜，一輛綠色的小車沿着路邊自顧自地行駛着，而車上竟然沒有駕駛員。它遇到行人和其他車輛會自動停下，遇到障礙物也會自動繞行，車子帶有四把圓形刷子，所到之處路面一片乾淨。

　　上海仙途智能科技有限公司研發的無人駕駛清掃車執行日常清潔工作，可以在完全沒有人工參與的情況下完成路面清掃、垃圾傾倒、自動泊車等工作。無人駕駛清掃車能夠彌補夜間清掃人力的不足，一輛無人駕駛清掃車能夠代替 10~20 名清

潔工工作。相較傳統清掃模式，無人駕駛清掃車使清掃車利用率較原先提升 2~3 倍，清掃效果上更是能實現誤差不超過 5cm 的長距離精準貼邊清掃。

　　無人駕駛清掃車具有重要的社會意義，能夠將環衛工人從嚴寒酷暑、風吹日曬或塵土飛揚的工作環境中解放出來，可以在很大程度上解決城市道路清潔環衛工作安全性差、工作時間長、勞動力缺乏等難題。無人駕駛清掃車也具有很大的商業價值。2019 年 5 月，仙途智能獲得了上海市的第一張無人駕駛清掃車測試牌照，將在上海市超過 30 千米的城市道路開展無人駕駛清掃測試和作業。目前，仙途智能已經在全國多地投放無人駕駛清掃車，這個無人駕駛車隊甚至走出國門，拿下了

圖 4.1　無人駕駛清掃車

德國威廉港試運行無人駕駛清掃車的業務。

自動駕駛是人工智能技術集大成者，是當前人工智能最具挑戰、最有吸引力的領域之一，在中國的人工智能商業落地中已有很多實現場景。無人駕駛清掃車的案例，就生動地展現了城市環衛與自動駕駛結合的社會與商業價值。

自動駕駛車輛通常有三大模塊：環境感知模塊、行為決策模塊和運動控制模塊。環境感知模塊利用攝像頭、激光雷達、毫米波雷達及工業級相機等獲取周圍環境信息，用 GPS 等獲取車輛自身狀態；行為決策模塊用 AI 算法、計算機視覺技術等根據路網信息、交通環境信息和自身行駛狀態來產生駕駛決策、規劃行駛路徑；運動控制模塊根據規劃的行駛路徑和速度以及當前的位置、姿態和速度，產生對油門、剎車、方向盤和變速杆的控制命令。

近年來，自動駕駛技術不斷取得突破，陸續有汽車企業推出新的無人車或獲得自動駕駛道路測試牌照，L2 級甚至 L3 級[1] 的自動駕駛系統已經在一些車企的量產車中使用，預計行

1　目前，國際上通用的對自動駕駛車輛能力進行評價的分級標準是國際自動機工程師學會（SAE）制定的 J3016 自動駕駛分級標準，該標準將自動駕駛技術分為 L0 級 ~L5 級共 6 個等級。L0 級代表沒有自動化技術的傳統人類駕駛，L1 級 ~L5 級分別為輔助駕駛、部分自動駕駛、有條件的自動駕駛、高度自動駕駛和完全自動駕駛。

業將在不久的將來迎來爆發式發展。人工智能技術和汽車的智能化升級結合得越來越緊密，人工智能的發展為汽車行業的變革帶來了更具想像力的未來。

在中國，自動駕駛產業的爆發式發展始於 2016 年，北汽、上汽等傳統汽車生產商紛紛推出智能化戰略，聯手騰訊、百度、華為等互聯網企業加速自動駕駛研發，地平線、小馬智行、仙途智能等大量初創企業也紛紛入場，自動駕駛產業呈現出欣欣向榮的面貌。全球管理諮詢公司麥肯錫的研究報告預測，中國未來很有可能成為全球最大的自動駕駛市場。至 2030 年，中國的自動駕駛乘用車將達到約 800 萬輛，到 2040 年，將達到約 1 350 萬輛。到 2030 年，中國自動駕駛相關的新車銷售及出行服務創收將超過 5 000 億美元。報告認為，自動駕駛若能在中國落地生根，前景將十分廣闊。

此外，國家和地區層面的政策支持也是推動我國自動駕駛產業發展的關鍵力量。國家層面，與自動駕駛相關的政策法規陸續發佈。2018 年 4 月，工信部、公安部、交通運輸部聯合出台了《智能網聯汽車道路測試管理規範（試行）》，首次從國家層面對規範自動駕駛道路測試做出了規定。2018 年 12 月，工信部制定發佈了《車聯網（智能網聯汽車）產業發展行動計劃》，有效促進了車聯網產業的跨行業融合。

地區層面，2017 年以來，北京、上海、重慶、深圳、廣州等地都先後出台了自動駕駛路測法規，並為一些車企發放了專用的路測牌照。以北京為例，北京市交通委在 2017 年 12 月 18 日正式印發《北京市關於加快推進自動駕駛車輛道路測試有關工作的指導意見（試行）》和《北京市自動駕駛車輛道路測試管理實施細則（試行）》兩個文件，開創了中國自動駕駛法規落地和專用測試牌照發放的先河。北京自動駕駛測試試驗用臨時號牌共分為 T1 至 T5 五個級別，截至 2019 年 6 月，北京市已經向百度、北汽新能源、蔚來汽車、小馬智行等 11 家企業發放了自動駕駛路測牌照，最高級別為 T3 級。獲得 T3 牌照，也就意味着測試企業的自動駕駛汽車已經具有路況認知、交通法規遵守、路線執行、應急處置等多項綜合能力。

自動駕駛正在改變汽車行業，也將改變我們的生活。下面，我們就從智能交通的三大場景——家用交通、公共交通以及物流交通出發，分析中國的自動駕駛行業面貌。

4.1.2　AI 武裝的未來出行——自動駕駛比想像的來得更快

當很多人還在問「自動駕駛汽車離我們還有多遠」的時候，L2 級輔助駕駛已經在部分車企的量產車上實現，自動駕駛比很多人想像的來得更快。

　　家用交通方面，目前大部分主流乘用車已經在一些量產車型裝上 L1 級輔助駕駛系統，還有些企業率先在高端車型裝上 L2 級自動駕駛系統，L3 級、L4 級則仍處在研發試驗階段。業內觀點認為，2019 年上市的新車將普及 L2 級自動駕駛技術，2020 年則被定為 L3 級量產的元年。[1]

　　以上汽集團為例，作為國內首批研發 L2 級輔助駕駛的車企，上汽近年來致力於推動先進的輔助駕駛系統在國內車型上的應用。上汽於 2018 年成立人工智能實驗室，聚焦於智慧出行、智能製造、自動駕駛，創建人工智能應用和解決方案。同樣在 2018 年，上汽發佈了榮威 MARVEL X，這是一款搭載 AI Piolt 智能輔助駕駛系統的電動 SUV。

　　榮威 MARVEL X 的定位是真正解放駕駛員的手腳。該車搭載了 AI Piolt 智能輔助駕駛系統、AR（增強現實）導航、AI Cruise 全速段智能巡航、AI 自學習泊車等技術，從多個方面給予駕駛員以輔助。例如，上汽首創的 AI 自學習泊車輔助系統，實現了泊車時人可以不在車上的「黑科技」。專用的感知硬件配合 AI 芯片控制器與深度學習算法使車輛能夠自主學習停車路線，駕駛員可以提前下車，車輛自動行駛尋找車位並精

1　廣州日報 2018 年 10 月 22 日：《2019 L2 級自動駕駛「普及年」來了》。

圖 4.2　配備 L2 級輔助駕駛系統的 MARVEL X 乘用車
（圖片來源：榮威官方網站）

準停車入庫。出行前，駕駛員只需用手機 App「召喚」，車輛便會自動行駛到面前。

4.1.3　自動駕駛共享出行已來——無人公共交通即將迎來真正的乘客

無人駕駛清掃車是自動駕駛技術和公共服務結合的一個典型例子。在公共交通方面，更多企業的投入主要集中在自動駕駛公共汽車、自動駕駛小巴、自動駕駛出租車等公共乘用車上。其中，百度在自動駕駛公共交通領域最引人矚目。

2018 年 7 月，百度與廈門金龍客車合作研發的全球首款 L4 級自動駕駛小巴「阿波龍」正式上線，並實現了小規模的

量產—— 100 輛。「阿波龍」的內部設計很有科技感，它沒有方向盤、駕駛位，也沒有油門和剎車踏板，採用的是 Apollo 自動駕駛系統。「阿波龍」小巴裝有毫米波雷達、攝像頭等，可以精確識別路面的交通線、車輛及行人，實現無人駕駛，適用於園區、景區等特定場所。

根據百度和金龍客車的規劃，完成總裝下地的「阿波龍」將分別發往北京、河北雄安、福建平潭、湖北武漢、廣東廣州和深圳以及日本東京等地開展商業化運營。以日本東京為例，「阿波龍」小巴與軟銀合作，用於核電站和老齡化社區的接駁。

自動駕駛出租車方面，百度與一汽紅旗合作研發了國內首款 L4 級自動駕駛計程車—— Robotaxi，並在 2019 年 6 月獲得長沙市 45 張自動駕駛測試牌照，正式在長沙開啟無人駕駛

圖 4.3
阿波龍 L4 級自動
駕駛小巴
（楊建正／人民圖片）

載客運營的測試。與其他城市的測試許可不同的是，長沙市將允許「載人測試」，即在法律規定的條件下允許第三方乘客搭乘，Robotaxi 無人駕駛計程車即將迎來真正的乘客。

4.1.4　無人配送大顯神通──自動駕駛變革物流

有關自動駕駛目前爭議最小的應用場景或許不是出行，而是幫助解放生產力、實現工業作業自動化的物流運輸領域。自動駕駛在卡車、物流運輸車等工業和物流領域同樣有很大的市場。相較乘用車而言，卡車的特殊屬性和較為單一的使用環境更適合自動駕駛的商業落地，自動駕駛卡車帶來的經濟利潤刺激也許會比自動駕駛乘用車更大。

在國內，已有多家初創企業開始專注於自動駕駛卡車解決方案，如圖森未來、贏徹科技、主線科技等。以主線科技為例，這家成立於 2017 年的自動駕駛公司一開始就致力於運用自動駕駛技術打造智慧物流產品，專注於為港口、物流園區、工業園區提供 L4 級無人駕駛解決方案。

2017 年 12 月，主線科技的無人卡車集裝箱運載項目在天津港簽約啟動，這是全國乃至全世界範圍內率先將自動駕駛技術應用於港口實際業務流程中的案例。主線科技無人駕駛重型牽引車載重 40 噸，車頭 4 噸，車高可達 4 米，帶掛總長超過 17 米。相比自動駕駛乘用車，操控這樣一個龐然大物，對精

確、安全行駛技術的要求更高。在應用無人駕駛卡車之前，港口都是依靠人工來判斷集裝箱和卡車的吻合度，不熟練的工人需要花 5 分鐘才能停放一個集裝箱到車上。而無人駕駛卡車具有高度一致性的決策控制系統，能夠大大提升裝載效率。

無人駕駛卡車應用到港口，到底能帶來多少經濟效益呢？目前，國內大型港口一般擁有 2 000 台重型卡車，如果每台卡車 24 小時連續作業，需僱用 4 個司機「三班倒」，按司機的月工資成本為 1 萬元來算，僅司機成本一項，一個大型港口每月就要花掉 8 000 萬元，一年將近 10 億元，因此，港口對無人駕駛卡車有着非常強烈的需求。

此外，許多公司也致力於用自動駕駛方案解決快遞或外賣配送的「最後一公里」難題。2016 年 9 月，京東正式發佈無人配送車，可以實現在城市辦公樓、小區等訂單集中場所進行批量送貨，其出色的靈活性和便捷的使用流程可大幅提升配送效率。2017 年 6 月，京東無人配送車已經在國內多所高校校園開始常態化運營。同時，京東還嘗試研發大型載貨無人車，希望通過技術進步將人們從繁重的體力勞動中解放出來，並全面提升運營效率。

除京東外，阿里巴巴、美團等也在無人配送方面展開佈局。阿里菜鳥推出末端智能配送小車「菜鳥小 G」，既具備車

輛結構，又適合在室外長距離運行。美團推出無人配送車「小袋」，這是一款服務型低速無人車，其自身配備激光雷達、攝像頭、超聲波雷達、GPS、IMU 等各類傳感器，可以通過成熟的系統和算法進行感知、定位和決策規劃，以應對各種道路上常見的場景。

在現代交通 100 多年的發展歷程中，中國在傳統汽車製造上是落後的，但進入新時代，中國抓住了自動駕駛這一新的歷史機遇成為繼歐美之後在自動駕駛市場發展上最為迅速的國家。

2019 年 1 月，全球最先進的自動駕駛汽車製造商特斯拉在上海選址建設超級工廠，這也是特斯拉在美國本土之外建設的首個超級工廠，這一工廠於 2019 年年底試產，並於 2020 年

圖 4.4
阿里巴巴智能配送
小車「菜鳥小 G」
（魏志陽／視覺中國）

實現量產。這個超級工廠也是上海迄今為止最大的外資製造業項目。上海特斯拉超級工廠集研發、製造、銷售等功能於一體，全部建成運營後，年產能將達 50 萬輛純電動整車。

特斯拉所有全新車輛均標配先進的硬件，除支持目前已實現的自動輔助駕駛功能外，當前的特斯拉 Autopilot 已經具備車道居中、自適應巡航控制、自動停車、自動變更車道等能力，並將通過軟件更新，不斷完善功能，在未來實現完全的自動駕駛。

人工智能在汽車工業中發揮着越來越重要的作用，在技術不斷優化和政策支持之下，未來家用交通、公共交通和物流交通三大方向上發力的自動駕駛可能顛覆我國整個交通體系，形成新的支柱產業。

4.2　人工智能化身超級警察，「AI+ 安防」提升行業價值

近年來，在逃人員參加張學友演唱會被抓的新聞不斷被報道，哪裏有張學友演唱會，哪裏就有在逃人員落網。據統計，從 2018 年 4 月第一起在逃人員在張學友演唱會上被抓事件至 2019 年年初，警方已陸續抓捕了近百名在逃人員，以至於「歌神」張學友被戲稱為警方安插在演藝界的臥底。

　　如今，抓獲第一位在逃人員的場景還歷歷在目。2018 年 4 月 7 日，這位在逃人員自信地前往張學友江西南昌站演唱會，結果開場沒多久就在看台上被民警拷走了。緊接着，5 月 5 日，第二位在逃人員在張學友江西贛州站演唱會過安檢時被警方抓獲，甚至連偶像一眼都沒看到。5 月 20 日，第三位在逃人員在張學友浙江嘉興站演唱會過安檢的時候被警方發現。為了不影響現場秩序，警方選擇在演唱會結束後實施抓捕，這位在逃人員成為三位被抓人員中唯一一個看完整場演唱會的人。緊接着在浙江金華站、河南洛陽站、陝西咸陽站、廣東江門站等多場演唱會上，警方均抓獲在逃人員。在江蘇蘇州站更是達到了抓捕人數巔峰，12 月 28 日至 30 日，在張學友蘇州站演唱會期間，蘇州警方共抓獲 22 名在逃人員 [1]。

4.2.1　人工智能化身超級警察，科技向善讓 AI 更有溫度

　　逃犯在張學友演唱會上頻頻被抓，背後離不開基於計算機視覺的人臉識別技術。警方恰恰是利用人臉識別技術，才在數千名粉絲中找出了逃犯。更具體地說，準確鎖定並捕捉到犯罪嫌疑人的是「天網工程」人臉識別系統。

1　「央視新聞」微信公眾號 2019 年 1 月 3 日：《張學友開演唱會的消息一出　警方表示：懂了，懂了》。

　　人臉識別是一種通過數字圖像或視頻來源的幀來識別或驗證一個人的技術。人臉識別系統有多種工作方法，但一般來說，它們是通過將給定圖像中選定的面部特徵與數據庫中的面部特徵進行比對來工作的。

　　在人工智能各個子領域中，人臉識別是發展較為成熟的應用領域。在中國，人臉識別技術越來越多地被推向更廣闊的行業。安防是目前人臉識別落地較為成熟的行業，也是一個能夠大規模產生商業價值的市場，因此成為許多 AI 公司的切入點。在安防領域，城市安裝了人工智能攝像頭，日夜工作以幫助識別在逃人員。當它在一個大規模數據庫中發現一張匹配的臉時，就會向最近的公安局發出警報，警察迅速到現場追捕罪犯，從而大幅提升警方破案效率。

　　人工智能更像是一名超級警察，它甚至能破獲警方難以破解的案件。2019 年 6 月，一則新聞讓無數人欣慰不已：四川警方使用 AI 技術，成功找回了 4 名走失約 10 年的孩子[1]。

　　這則新聞與四川省公安廳打拐處一批積案有關。2008~2010 年，10 名 3 歲左右的孩子在四川被拐。僅有的線索是被拐小孩 3 歲左右時的照片，警方利用騰訊優圖實驗室跨年

---

1 《新華每日電訊》2019 年 6 月 14 日：《AI 尋親！一次找回 4 名走失 10 年的孩子》。

齡人臉識別技術先進行圈定，再進一步進行 DNA 親子鑒定，最終找到了 4 名走失約 10 年的孩子。

技術方面，研究人員對 0~18 歲的人臉的成長變化進行模擬建模，再採用深度神經網絡算法來學習這些人臉在成長過程中的複雜變化。經過成千上萬次的模型訓練，終於訓練出了一個可以進行跨年齡人臉識別的深度神經網絡模型。

據悉，騰訊「優圖天眼尋人解決方案」已協助福建警方找回 1 000 多名失蹤人員，數據檢索能力的精準度已超 99.80%，大大減輕了警方尋人的壓力。自始至終參與這次 AI 跨年齡尋親的警察同志說：「科技的力量真是太神奇了！我有一個願望，希望有一天能『天下無拐』。」這也是全國人民的願望，未來，如果這個願望能實現，人工智能技術一定居功至偉。

4.2.2　保護人民群眾安全，春晚入場刷臉 1 秒通行

任何熱鬧的歡慶場面背後，都離不開緊張有序的安保工作。人工智能技術在人群集中的演唱會、峰會等的安保工作中能夠發揮重要作用，為會場安全保駕護航。例如，國內 AI 公司雲天勵飛就為 2019 年央視春晚井岡山分會場和深圳分會場提供了安保和「刷臉」入場服務。

圖 4.5　跨年齡人臉匹配準確度高達 99.80%（圖片來源：騰訊優圖實驗室）

　　在井岡山分會場的舞台周邊和現場出入口，雲天勵飛啟用了 5 台人臉門禁、5 台人臉抓拍機和 1 套「深目」系統，對現場人員的人像信息進行採集、分析、挖掘和「白名單」佈控等，為現場演出提供安保服務。

　　在深圳分會場，雲天勵飛在現場 5 個出入口部署了 15 台人臉識別閘機和 6 台人證比對一體機，組成 10 個通道，保障會場安全。最終深圳分會場前端實現了 5 萬人像庫的秒級通行，支持實時認證比對、現場授權和後台管理服務數據分析等。經互聯網註冊、後台驗證授權成功的演出人員、工作人員等，全程僅需「刷臉」，1 秒內即可驗證身份，快速高效通行進入會場。

　　據了解，自 2014 年成立以來，雲天勵飛已陸續成功服務於杭州 G20 峰會、烏鎮互聯網大會、全國雙創周主會場、博鰲亞洲論壇、上合組織青島峰會、進博會等多個國際、國內重要會議，是公安部指定的國家級會議安保技術服務商。其首創的全球首套動態人像識別系統雲天「深目」，自 2016 年在深圳上線以來，已被部署到我國和東南亞地區的 80 多個城市，協助警方破獲 1 萬多起案件，產生了廣泛的社會效應。

4.2.3　AI 深度改造安防行業，中國人臉識別在實際應用中全球領先

　　中國是世界上最安全的國家之一。事實上，近年來中國的犯罪率也是持續走低的。請看一組數據：根據公安機關的統計，2017 年全國刑事案件立案數同比有所下降，尤其是嚴重暴力犯罪案件下降幅度較大，刑事案件破案率明顯提高，人民群眾安全感和滿意度大幅度提升。2017 年 1~11 月全國嚴重暴力案件同比下降 15.6%，比 2012 年下降 51.8%；全國命案新發案件數量下降 9.7%，新發命案破案率高達 98.8%，全國命案積案破案數上升 95.1%，中國已成為世界上命案發案率最低的國家之一[1]。

1　公安部公安發展戰略研究所：《中國犯罪形勢分析與預測（2017—2018）》。

這些都與 AI 技術的進步分不開。事實上，技術確實正在降低犯罪率。一個解釋是：在經濟發展促進就業，以及娛樂業高度發達的常規性解釋之外，人類犯罪率整體下降的最根本原因，是技術進步提升了犯罪成本[1]。

隨着計算機視覺（人臉識別、步態識別等）、機器學習、智能分析等 AI 技術逐漸成熟，智能化成為安防行業新的發展方向，人工智能也正在深刻地改造安防行業。智能安防包括了大部分人臉識別的應用場景，如機場、車站、展會、出入境，也包括智慧交通，如車輛管理、車牌識別等，通過這些技術可以追蹤車輛什麼時候上的高速，什麼時候下的高速。智能安防也包括視頻監控，可以對人的行為和行蹤進行跟蹤等。

世界各地的公司和城市都在嘗試使用人工智能來減少和預防犯罪，或更快地應對正在發生的犯罪。中國憑藉大規模人臉數據集、政策支持等優勢，在 AI 安防領域有領先的優勢。例如，中國的團隊多次在全球權威的計算機視覺競賽中奪冠。2018 年，在素有產業界「黃金標準」之稱的全球人臉識別供應商測試（FRVT）[2] 中，來自中國的依圖科技在千萬分

1　李北辰：《技術進步降低人類犯罪率，未來能否「天下無賊」》。

2　FRVT 是美國國家標準技術局（NIST）定期舉辦的人臉識別供應商測試（Face Recognition Vendor Test），旨在衡量人臉識別算法的先進水平。

之一誤報指標下，以識別準確率超過 99% 的成績奪得了冠軍。人工智能已經成為我國社會治理的重要工具，在公安、交通、樓宇、工業、民用等領域保護着人民群眾的安全。

4.3　人工智能驅動經濟晴雨表，「AI＋零售」顛覆服務體系

零售產業對整個社會經濟智能化有着非同尋常的意義，零售是一個跟經濟緊密相關的行業，所以很多人都把它叫作經濟的晴雨表、體溫計，零售更是產業跟消費者的連接器。

中國蓬勃發展的經濟正在推動零售業的增長。從電子商務開始，零售行業就朝着「智慧零售」的方向發展，並融合了人工智能和機器學習等快速發展的技術。

從傳統的實體零售邁到電子商務是一大步。然而，一旦這個巨大的飛躍發生，一切都將開始迅速改變。便捷的網絡和通信基礎設施，快速增長的移動技術，以及計算機視覺、機器學習等人工智能技術的不斷更新迭代，使中國的零售行業發生了翻天覆地的變化。

中國的智慧零售產業正以令人驚歎的速度前進。在美國，Amazon Go 無人商店的「拿了就走」購物模式引起人

們無限嚮往，國內很多企業也紛紛跟進，推出了自己的無人店、無人超市：繽果盒子、F5 未來商店、阿里巴巴「淘咖啡」……無人商店在中國發展的速度表明，無人零售將來有可能在中國比在美國或其他地方更為普遍。

無人零售需要很多技術，包括零售分析、人工智能、機器學習、計算機視覺、條形碼、射頻識別和移動支付技術等。只具體到計算機視覺技術，就需要用到行人檢測、定位跟蹤、人臉識別、手勢識別、貨架物品動態識別等，相當於打造一個封閉環境內的監控系統。

大數據和零售分析幫助這些商店確定庫存，識別客戶、客戶購買模式和偏好等。攝像頭跟蹤並記錄顧客在店內的活動，條形碼或 RFID 標籤會檢測到他們添加到購物車中的商品。當顧客離開商店時，他們購買的商品會通過移動支付自動付款。

表 4.1　無人零售用到的部分典型技術

代表項目	身份識別與追蹤	貨架商品動態識別	終端自助結算
Amazon Go	Amazon Recognition	Amazon Recognition	混合感知
繽果盒子	二維碼	攝像頭	RFID
F5 未來商店	無	無	二維碼
淘咖啡	生物特徵	視覺識別	RFID
Take Go	生物識別 （靜脈識別）	視覺識別	混合感知

以永輝的無人超市為例。永輝首家「無人超市」於 2017 年 12 月正式開業。與傳統的超市不同，無人超市撤掉了人工收銀台，顧客從進超市、選擇商品，到結算、出門，只要通過一部手機即可完成，實現了全流程自助。

除了無人零售外，人工智能技術賦能零售業，還體現在線上提供個性化商品推薦、海量數據分析，線下通過導購機器人、AI 試衣鏡等提升客戶體驗，助力實體零售升級。下面，我們對以上應用分別介紹幾個例子。

4.3.1 「雙 11」背後的人工智能技術

2018 年天貓「雙 11」銷售額 1 小時 47 分鐘破千億元，交易峰值 49.1 萬筆／秒，支付峰值 25.6 萬筆／秒，24 小時總成交額為 2135 億元。用戶更快、更準的購物體驗均來自搜索和推薦的數據智能的提升。

「雙 11」巨大成交量的背後，就有人工智能的功勞。據阿里技術團隊介紹，在「雙 11」的搜索與推薦場景中，使用了深度增強學習與自適應在線學習。這些技術主要是通過持續機器學習和模型優化建立決策引擎，對海量用戶行為以及百億級商品特徵進行實時分析，幫助每位用戶迅速發現寶貝、為商家帶來投緣的買家，提高用戶和商品的配對效率。該個性化推薦

系統利用前沿的深度增強學習與自適應在線學習，使用戶點擊率提升了 10%~20%。隨着技術升級，更精確的搜索和推薦結果將極大提升用戶的購物體驗。

據悉，阿里巴巴記錄了超過 4.5 億位活躍用戶的購買行為數據、數十億款商品的多維特徵刻畫數據，面對這樣的海量數據計算，背後有一個阿里巴巴內部稱之為 Porsche 的強大實時計算平台，其承載了包括在線學習、深度學習、增強學習在內的計算任務。從近幾年的「雙 11」來看，人工智能、數據智能等技術發揮着越來越大的作用，這也正預示着技術驅動模式已經在阿里巴巴這家過去被認為是從商業運營見長的公司中悄然形成。

4.3.2　技術助力實體零售升級

人工智能在線下給零售帶來了變革，包括提升線下購物的客戶體驗、減少店舖人工成本等。例如，海底撈引入了科大訊飛智能客服——Injoy Assistant 小美，滿足消費者的排隊取號、預約餐位等需求。品牌定製化問答對話系統，應用語音合成與語音識別技術，打造高效品牌電話服務場景。通過語音識別和語義理解，能夠確定消費者的訂餐需求，智能化做出判斷。實際調研數據顯示，客服質量提升 50%，訂餐量提升

29%，數據分析價值提升 80%。

　　人工智能助力實體零售升級的另一個例子是「AI 試衣」。美國服裝品牌 Guess 率先與阿里巴巴合作將 AI 技術融入了線下購物。在 Guess 的 FashionAI 概念商店裏，客戶通過掃描淘寶 ID 綁定身份信息。在瀏覽貨架時，顧客隨意拿起一件衣服，貨架邊的「鏡屏」就會感應到商品信息，並結合顧客瀏覽歷史和購物歷史，給出若干種個性化的搭配推薦。

　　進入試衣間，顧客會發現，所有待試衣服都已經準備好了。試衣間配備的「AI 試衣鏡」，可提供 360°數碼視野。無論是加購，還是更改尺碼、更改顏色，都可以點擊試衣鏡完成，而無須離開試衣間。售貨員接到指令後，還將為顧客送上新選擇的衣服。

圖 4.6
Fashion AI 概念商店裏的 AI 試衣鏡
（牛鏡／浙江智苑文化創意有限公司／視覺中國）

4.3.3 中國在智慧零售領域開闢了一條創新之路

經濟增長、龐大的人口以及高比例的年輕人使得中國正在成為新興技術的沃土，推動智慧零售的發展。如今，中國已經在零售分析和智慧零售領域開闢了一條充滿創新的道路。像騰訊、阿里巴巴、京東等公司，已經贏得了與沃爾瑪等西方零售品牌合作的機會，為傳統商店提供 AI 賦能的「數字化工具箱」。

這是一個新興且正處於上升階段的市場。據《2018 新消費崛起趨勢白皮書》發佈的數據[1]，無人零售市場規模將來有望超過萬億元。

4.4　人工智能打造智慧家居，「AI+ 家庭」探索全屋互通

家是一個人最重要的居所。想像一下，當你回到家裏：智能門鎖自動識別人臉並自動開關門，房間裏的燈感應到人及周圍環境自動開燈並調節亮度；當你坐在沙發上看電視時，可以語音控制電視機自動打開、自動尋台，燈會自動調節到合適的亮度；當房間需要清潔時，也只需對掃地機器人說一句「請打掃房間」；當你說「我要睡覺了」，房間的燈、電視會隨即

1　由藍莓會、央視市場研究（CTR）和艾瑞咨詢於 2018 年 4 月聯合發佈。

關閉，窗簾自動拉上……人工智能將實現家庭設備的全面智能化，每個家庭都將擁有一個 AI「大管家」。

麥肯錫 2017 年預測：10 年之內，我們的生活空間將通過一大波新設備和新技術得到增強，它們將管理和執行各種各樣的家居功能，並且重新定義家的感覺。

這就是智慧家庭的概念：智慧家庭類似於一個中樞神經系統。中心平台或「大腦」將是核心，具有不同能力的智能家居產品都將由這個中樞主管，並執行各種任務。智慧家庭的「大腦」在當前可能是 AI 音箱的形式，而未來則會有更多的形態，可能是科幻電影《流浪地球》裏的 Moss 人工智能主機，也可能是一個 AI 服務機器人。

在中國，AI 家居行業有着廣闊的市場。國家智能家居質量監督檢驗中心發佈的《2018 年中國家居市場研究報告》分析：2018 年中國智能家居市場規模增至 1 210 億元，僅智能音箱一項產品銷售額就達 3 億元，預計到 2020 年，中國智能家居市場規模將突破 1 800 億元。

智能家居的成功並不完全取決於技術，用戶體驗和文化也十分重要。具體在中國，家庭成員年輕化、更容易接受新技術是 AI 家居快速普及的一大優勢。例如，年輕人喜愛的家居品牌「宜家家居」，也開啟了智能化，2018 年 11 月，小米

和宜家宣佈達成全球戰略合作，當前合作的只是智能照明產品，未來還將繼續開發其他智能家居產品。

人工智能為家居帶來的改變主要體現在兩個方面：一是新的交互方式，二是新的感知方式。通過語音識別、自然語言理解、語音合成等自然語言處理技術實現的新的交互方式，可以讓播放音樂、查詢問答、記錄提醒等行為變得極其便利。而新的感知方式可以通過執行個性化指令，提供智能的家居操控，例如，根據用戶的習慣和環境自動控制房間的溫度、光照等。

AI 家居產品的形態則是不唯一的，可以是智能音箱，可以是帶有智能功能的家電產品，如掃地機器人、人工智能電視等，還可以是家庭機器人。

4.4.1　智能音箱、家庭機器人：下一代人機交互界面

智能音箱被認為是智慧家庭的一個「入口級產品」，是下一代人機交互界面的重要載體。亞馬遜的 Echo 音箱引爆了智能音箱市場，與谷歌的 Google Home 和蘋果的 HomePod 一起佔據了美國智能音箱市場的絕大部分份額。

國內，科大訊飛、百度、阿里巴巴、小米、京東等公司紛紛推出自己的智能音箱。以阿里巴巴為例，阿里人工智能實

驗室在 2017 年 7 月推出了備受關注的智能音箱——天貓精靈
X1，應用了語音識別、聲紋識別、自然語言理解、人機交互
等技術。其中，聲紋識別技術可以根據聲音條件識別出不同的
使用者，以此來保證使用的安全性和私密性。而在記住了每個
人之後，天貓精靈還能夠實現「千人千面」，根據每個人的喜
好進行內容設定和推薦。

　　基於聲紋識別技術，阿里巴巴還推出了聲紋購功能，可
以通過聲紋完成整個購物行為。當用戶發起購物、充值等行為
時，只需要說出聲紋密碼，聲音識別系統就會對身份進行校
檢，確認是本人後才會完成交易，否則將拒絕請求。

　　智能音箱迅速在普通家庭中普及，數千萬人已經習慣與
智能音箱對話。此外，機器人也悄悄走進了家庭。

圖 4.7
天貓精靈 X1
（許康平／人民圖片）

　　與智能音箱相比，家庭機器人還可以有情感智能、陪伴、監護等功能。一個知道如何有效地與人類互動，並增強人類的能力的機器人，可以成為家庭成員的陪伴。家庭機器人在國內雖然還不像智能音箱那樣普及，但也有包括優必選、獵豹移動等在內的多家智能機器人公司正在研發，目前主要聚焦在兒童陪護、編程教育等方面。例如，優必選聯合騰訊叮當研發的便攜式智能機器人「悟空」，搭載語音助手的同時，還具有運動、反饋、平衡、感知等能力，定位是成為「孩子的第一個機器人夥伴」。

　　智能音箱、家庭機器人可以說是智慧家庭的入口。但當前智能家居的一個較大痛點是：大多數的產品都是單品，不成套系，不能給用戶提供全方位的解決方案。過去幾年大家逐漸意識到，家裏的很多硬件之間如果能夠連通，提供的體驗將是完全不一樣的。例如，淨化器、空調、加濕器可以連成一個場景，協同給用戶提供更好的空氣解決方案。如果把廚房裏面的智能硬件放到一起，也將是一整套的解決方案。

　　因此，AI 家居亟須形成互聯互通，用戶真正的需求也是無處不在的全屋智能，在整個房間、整個公寓甚至整個住宅有一個最懂自己的「AI 大管家」。不少企業都在攻堅這個難題，致力於打造全方位的智慧家庭解決方案。

4.4.2　智慧家庭的全方位解決方案：人工智能是最懂你的大管家

以海爾為例，2017 年 11 月，海爾發佈了「海爾 U＋」人工智能智慧家庭解決方案，這是一個涵蓋人工智能交互系統、基於深度學習的智慧家庭解決方案。

「海爾 U＋」人工智能智慧家庭解決方案包含了兩大應用：一是人工智能交互系統解決方案，包括語音模塊、人臉識別模塊、食材識別模塊、衣物識別模塊等七大模塊，未來將應用在智能音響、智能手機、智能家電、機器人、智能家具等場景；二是基於深度學習的智慧家庭解決方案，旨在以 U＋ 大腦為核

圖 4.8　海爾智慧家庭陳設展示（王宇軒／視覺中國）

心進行數據的採集與計算，對整個智慧家庭進行全局實時分析，自動分析學習用戶使用習慣，推薦系統為用戶提供定製化的智慧解決方案，打造「千人千面」的智慧家庭，為用戶提供便捷、舒適、節能、健康的生活方式。現在，海爾 U+ 人工智能智慧家庭解決方案已落地家庭的水、空氣、採暖、能耗、安防、健康、娛樂、教育等八大場景和客廳、廚房、衞生間、臥室、娛樂室五大空間。

4.5　人工智能助力行業互聯，「AI+產業」實現格局轉型

產業互聯網（Industrial Internet）是從消費互聯網引申出來的概念，是指傳統產業藉力大數據、雲計算、智能終端以及網絡優勢，提升內部效率和對外服務能力，是傳統產業通過「互聯網＋」實現轉型升級的重要路徑之一[1]。

人工智能賦能產業互聯網，利用先進的技術和互聯網的理念改造傳統產業，覆蓋泛互聯網、泛行業和泛政府等方面。下面，我們分別從醫療、農業、金融和產業園區四個方面，縱覽人工智能帶來的改變。

1　百度百科詞條：產業互聯網。

4.5.1　中國醫療 AI 新突破：兒科常見病診斷準確率超普通醫生

醫療不僅是醫學問題，也是社會問題。在我國，由於存在人口老齡化、醫療專業人員缺乏、醫療資源供需不平衡以及地域分配不均等問題，對 AI＋醫療的需求很大。近年來，隨着計算機視覺、深度學習等技術的進步，人工智能在醫療領域的研究不斷取得突破，尤其是在醫療影像分析、疾病預測、電子病歷等方面。AI 有助於提高診療效率和精準度，改善醫療人員和患者之間的不平衡，降低醫療成本等。

例如，由來自依圖科技等企業的眾多專家共同研發了一個 AI 系統，專門用於診斷兒科疾病，診斷結果可與初級保健兒科醫生相比。該研究共分析了 1 362 559 名兒科患者就診於某大型轉診中心的 10 160 萬個數據點，對 AI 系統進行了訓練和驗證。結果顯示，從流感、哮喘到威脅生命的肺炎和腦膜炎，該系統的準確率始終與初級保健兒科醫生相當，甚至有所超越：AI 程序診斷出呼吸道感染和鼻竇炎準確率為 95%，不常見的疾病的確診率也很高。

這項研究發表在頂級醫學雜誌《自然·醫學》（ *Nature Medicine* ）上，也是中國研究團隊利用自然語言處理（Natural Language Processing，NLP）技術基於文本型電子病歷進行臨床智能診斷的一項突破。研究人員表示：「醫生和人工智

能的關係，可以類比於人類駕駛員和其監督下的自動駕駛汽車。它可以讓醫生在更短的時間內以更低的成本做更好的事情。」

　　在中國，基於人工智能的方法已成為改變醫療保健的有力工具。騰訊、科大訊飛等公司都在努力用 AI 攻堅醫療難題。2017 年 11 月，科大訊飛「智醫助理」成為中國第一個通過醫考的機器人，拿到 456 分的成績，超過了 95% 的考生。利用這套技術和相關的一些數據，科大訊飛正致力打造中國首家人工智能醫院，以幫助醫生提高診斷準確率。

　　百度也正利用人工智能幫助醫生進行診斷，他們開發了「百度 AI 眼底篩查一體機」，僅 10 秒鐘就能為檢查者生成一份篩查報告。目前，全國各類眼底病患者大概有 8 000 萬人，

圖 4.9
科大訊飛「智醫助理」
（于連／視覺中國）

幾乎每分鐘都有人失明。如果能夠儘早發現，這些失明是可以救治和避免的，而 AI 正可以提供這樣的幫助。

不僅如此，人工智能也越來越多地走進了中國醫院，在醫療影像分析、疾病篩查甚至臨床手術上幫助醫生救死扶傷。2019 年 4 月，在廣東省人民醫院與廣東高州市人民醫院就共同上演了一場「AI+5G 遠程指導手術，為心臟病患者『補心』」的成功案例。

當時，高州市人民醫院的心外手術室裏，醫生正在主刀進行心臟腔鏡手術，而在相隔近 400 千米外的廣東省人民醫院，專家通過觀看大屏幕上 5G 傳輸的實時超高清手術畫面，對現場的手術進行遠程指導。

在這場手術前，醫院就使用了自主研發的全自動 AI 去噪以及建模軟件，一鍵完成建模，耗費時間從原來的 2~6 小時縮短至 2 分鐘以內，並自動生成 3D 打印機可識別的 3D 數字心臟模型（STL 格式），可直接打印出 1：1 實體心臟模型。

而在基層解決初診問題的方面，我國也有自己原創人工智能理論支撐的技術應用。北京清睿智能科技有限公司利用其原創的動態不確定因果圖（Dynamic Uncertain Causality Graph，DUCG）白箱型 AI 理論和雲平台，與約 30 位三甲醫院臨床專家深度合作，構建基於患者主訴症狀的跨科室知識

圖 4.10　AI+5G 遠程指導手術（鄧裕達／視覺中國）

庫，幫助基層醫生提高全科診病能力。目前已完成關節痛、腹

痛、咳嗽咳痰、呼吸困難、鼻出血、嘔血、便血等知識庫（每

個知識庫均包含幾十種可能導致其主訴症狀的相關疾病）的第

三方三甲醫院病歷測試，正確率 95% 以上。測試方法為將病

歷按照對應知識庫中疾病病種分類，按類隨機抽取病歷作為測

試樣本，以便充分覆蓋庫中的罕見病，使測試更加嚴格。該系

統能夠動態生成綜合疾病危險度、檢測效率和成本的患者個性

優化臨床路徑，可有效避免盲目檢查，從而節省費用。該系

統診斷結果具有強可解釋性，可邊使用邊教學，賦能基層醫

生。其特點是直接用臨床專家的醫學知識和經驗進行全圖形建

庫，而非從數據中提取知識；推理計算科學嚴謹，過程具有可追溯性，易於糾錯和更新維護，不因應用場景改變而降低正確率。該公司計劃在一年內完成 30 個以上主訴知識庫的構建和內部測試，其中至少 10 個完成多家第三方三甲醫院測試，基本覆蓋基層看病需求。目前正在開展縣級醫院、鄉鎮醫院、社區診所和村醫的臨床試用。

另外，人工智能硬件還能用於協助患者後續康復，在電視節目《機智過人》中，曾介紹了一種集自動化、機電、計算

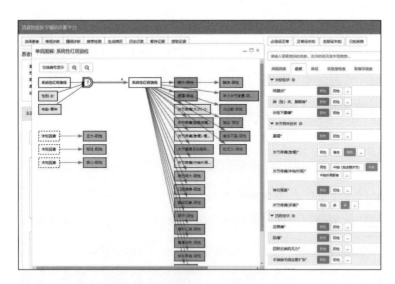

圖 4.11　清睿智能醫學輔助診斷平台病症圖解界面

機、神經醫學等不同學科交叉融合的科技產品——助力外骨骼。通過自主導航與智能控制理論、機器學習與模式識別、多媒體分析和理解等為基礎的機器人相關技術，該裝備可以提供額外能量供給四肢運動。這項技術將幫助截癱患者站立和走動，讓他們擁有更健康的生活方式。

同時，更大、更強的助力外骨骼還能用於緊急救援人員，讓他們能更輕鬆地抬起巨大的石頭，或者從廢墟裏拯救倖存者，人工智能技術可以改變野外醫療救援環境。

4.5.2　人工智能在中國農業崛起，環保、高能地解放農村生產力

中國是人口大國，同樣也是農業大國，農村人口比重較大。此前農業發達很大程度上依賴勞動力的輸入，中國人口紅利仍然存在，但隨着產業結構的變化，越來越多的勞動力流向

圖 4.12
「助力外骨骼」現場展示圖
（圖片來源：中央電視台《機智過人》欄目）

第二產業和第三產業中，農業方面的勞動力正在減少，但由於人們生活水平的提高以及膳食結構的改善，對糧食需求量卻一直增長。

人工智能技術的出現有望成為解放農村生產力的解決方式之一。在農業領域，人工智能可在種子檢測、智能種植、作物監控和土壤灌溉等過程中發揮重要作用。

在種子檢測中可利用圖像分析技術以及神經網絡等技術對種子進行準確的評估，實現純度和安全性的檢測，進而提高農產品的質量。種子是農業生產中最重要的生產資料之一，可直接關係到農產品質量，傳統的種子檢測方法需要人工進行，流程複雜耗費勞動力大，而且可能存在誤差。AI 技術的介入不僅提高了檢測準確率，減少了人力成本，還不會對種子造成任何實質傷害。

智能種植與收割也是人工智能大顯身手的環節，機械化已成為主流，智能化更是未來趨勢。例如，用於農業的「東方紅」無人拖拉機已然問世。

改革開放以來，「東方紅」拖拉機從手動裝配到無人駕駛技術的注入，經歷了無數次的革新。2018 年，「東方紅」無人拖拉機成功實現田間全程無人作業，不僅能解決中國農業人口不斷減少的問題，還能真正地實現精準作業和提高生產力。「東

方紅」無人拖拉機不但能利用衞星導航系統進行路徑規劃，還能識別出區域中的障礙物，在農作時，也能藉助傳感器調整耕幅，在未來還能實現更多無人農作機器進行聯合作業，解放農村勞動力。

　　無人拖拉機能匹配大多數農具，如旋耕機、整地機、播種機、翻轉犁等各種農具，實用性很強，而這背後包含了對北斗定位和自動駕駛等技術的整合利用。

　　首先是關於定位準確性的問題。無人拖拉機利用單基站或網絡實時動態技術，利用北斗衞星導航系統的高精度原始數據、觀測數據和三軸陀螺儀原始測量數據，進行北斗衞星導航系統和慣性導航系統組合導航，實現拖拉機姿態傾角測量精度達到 0.3°。

圖 4.13
「東方紅」無人拖拉機
（圖片來源：中央電視台《機智過人》欄目）

其次是如何避開障礙物。在自動駕駛過程中，PLUS+1 整車控制器根據遠程遙控干預系統的指令，實現一鍵啟動和一鍵急停，以及各項車輛動作均以遙控器干預為最高優先級，全方位保證車輛行駛安全；根據 BDS 導航驅動箱的路徑和定位信息，進行自動換向、自動剎車、發動機轉速的自動控制、懸掛高度的自動控制、PTO 的自動控制；根據激光雷達對作業環境的識別信息，遇到動靜態障礙物進行剎車與繞行，最終實現較高程度的無人駕駛。

AI 技術在農業領域的大規模應用在一點一點地落地。但在這一過程中，相關基礎設施的建設成本對傳統農業來講仍相對較高，要想讓 AI 技術順暢地紮根在田間，這需要在工業製造層面降低成本、提升效率，這也讓我們看到了未來努力的一個方向。

4.5.3　智能金融大潮席捲，人工智能讓金融市場煥然一新

金融行業也是產業互聯網的重要一環，在人工智能的助力下，近年來，「智能金融」大潮席捲而來，眾多金融機構都不約而同地選擇將人工智能技術應用於實踐，與自己的業務相結合。無論是在銀行、證券公司、保險公司，還是在信託公司或者基金公司，都能看到人工智能的身影。

　　在金融領域，人工智能的應用場景主要有智能客服、量化投資與量化交易、智能風控（反欺詐）、智能投資顧問等。未來人工智能在保險、證券等領域還有大量場景可以挖掘，如信用評估和智能賠付等。

　　人工智能在金融領域的運用更注重數據挖掘。與AlphaGo和自動駕駛汽車等限定範圍和固定規則的AI算法應用相比，金融領域首先擁有大量結構化的數據作為基礎優勢，但也要面對人、社會群體行為（包括情緒）等大量不確定性複雜變量的挑戰，所以AI的運用最先在量化交易、智能客服等技術成熟領域取得突破。

　　而在投資領域，人工智能的典型應用包括量化投資和智能投資顧問等。AlphaGo戰勝柯潔後，全球最大對沖基金橋水基金（Bridgewater）創始人瑞‧達利歐（Ray Dalio）提出的量化投資原則也席捲金融行業。機器學習主導的AI投資基金年化收益已超過對沖基金，智能投資顧問即將顛覆基金證券領域。

　　投資選股的過程其實就是一個根據多種因素做決策的過程，在投資學中，這些因素叫「因子」（factor）。除板塊、概念和基本面外，現實中影響股票收益率的因子還有很多。例如，公司所在的地區，CEO的年齡、學歷、人脈狀況等都有

可能影響股票的收益率，在實際操作中，它們也可能成為選擇股票時要考慮的因子。人工智能常被用來解決這類問題，利用機器學習的方法來輔助選股。

目前，智能投資已在金融市場得到了比較廣泛的應用。各大主要基金多少都會採用人工智能技術。不過，或許是由於中國的金融市場過於複雜，智能投資在中國市場上的表現遠沒有在國外市場上好，因此人工智能目前還主要是作為輔助手段被投資者利用，完全利用人工智能進行投資的例子還比較少。或許，隨着數據的進一步豐富、模型的進一步完善，智能投資會逐漸在我國市場上扮演更為重要的角色。

人工智能應用到金融行業，給金融行業帶來了三個方面的改變。

首先，大幅改進了金融服務的效率。過去，金融服務在相當程度上是勞動力密集型的，如客服、投資研究、交易等，都需要很多的人力投入，不僅成本高，而且效率也相對低下。在引入了人工智能後，不僅大批人力被節約了，服務效率也大幅提高了。

其次，大幅拓寬了金融服務的範圍。過去，限於成本、風險控制能力，很多相關的金融業務無法得到充分發展。例如，投資顧問、消費金融等服務，過去只能存在於很小的範圍

之內。而在人工智能應用之後，這些原本無法發展的業務終於實現了較快的發展，金融服務的範圍被大大拓寬了。

最後，促使了金融監管方式的變化。人工智能的應用，讓原本已經十分複雜的金融環境變得更為複雜，傳統的監管模式已經難以適應現實需要，這也倒逼金融監管隨之發生改變，讓以人工智能為代表的「監管科技」（Regtech）越來越多地被應用到監管實踐當中。

目前，人工智能在金融實踐中的應用已經十分豐富，包括智能客服、智能投資顧問、風險管理、投資研究、交易和投資組合管理、監管科技等。所有這些應用，都可以在我國找到十分生動的實踐案例。下面，我們將以智能客服和智能投資為例，介紹人工智能為金融行業帶來的改變。

智能客服：新來的大堂經理是機器人

「大家好，我是嬌嬌，歡迎光臨，我是新一代的大堂經理。」這是 2016 年 7 月交通銀行推出的智能機器人——「嬌嬌」在介紹自己。作為一款智能機器人，「嬌嬌」能聽會說，會根據用戶的問話做出回應。對於常見的問題，如關於銀行業務、辦理流程、所需材料等的詢問，「嬌嬌」基本可以對答如流。「嬌嬌」還可以通過人臉和聲紋識別顧客，並具有記憶功能。如果

圖 4.14
智能機器人「嬌嬌」
（吳小川／視覺中國）

看到了熟人，還會主動上前打招呼。

　　「嬌嬌」只是金融機構將人工智能應用於客服的一個案例。在銀行、保險等金融行業，都需要大量人員來滿足客服的需要。一個好的智能客服，至少要做到：聽得清、聽得懂、答得對、答得好，而實現以上幾點，就要涉及語音識別、自然語言處理、知識圖譜以及機器學習等人工智能技術。

　　智能客服的使用大幅提高了金融機構的客服效率，也大幅降低了其成本。工商銀行曾公佈過一個數據，該行的智能客服「工小智」上線 1 年，節約的成本就達到了 1 億元，這個業績頗為可觀。

4.5.4　百年首鋼「AI＋」，打造世界級 AI 創新應用園

　　人工智能也為傳統產業園帶來了創新生機，這是 AI 賦能產業互聯網的又一個生動例子。

　　2018 年，AI 喚醒了首鋼。有百年歷史的首鋼和 AI 牽手：

成立首鋼 AI 園，打造世界最大的 AI 創新應用園。首鋼園北區 2.91 平方千米範圍內將全面開展人工智能示範應用，讓自動駕駛車、機器人、人臉識別機器等激活這個重工業園區。百年首鋼與 AI 融合，首鋼在工業時代扮演了主角，在 AI 時代也將重獲新生。

從 1919 年在北京西郊建成之後，首鋼創造了多個第一：首次將中國的煉鋼技術向國外出口、建設國內規模最大的現代化線材生產廠、首推企業承包制……至今，首鋼還是國內保存最完整、面積最大的鋼鐵工業生產廠區。

10 多年前，為服務國家發展戰略和北京奧運籌辦，首鋼實施鋼鐵業整體搬遷，遷出北京。2010 年底，一號高爐全面熄滅，至此，首鋼北京石景山廠區宣告全面停產，留下了一座鋼鐵森林。隨着北京地區涉鋼產業停產，首鋼在北京發展首鋼總部經濟，高端金屬材料、高端裝備製造、汽車零部件、生產性服務、文化創意產業成為首鋼的重點業務，實施工業區改造，建設新能源、新材料研發基地等。

直到近幾年 AI 技術爆發，讓首鋼又找到新的突破點。首鋼 AI 園圍繞園區大腦、自動駕駛、智能機器人、智慧安防、智能物聯等五大平台開展示範應用。

圖 4.15
從首鋼 3 高爐的
皮帶通廊遠遠望向
首鋼 AI 園，仿佛
穿越了時空

園區大腦

　　支持建設涵蓋園區綜合運營保障、園區運行監控與體徵分析、IOC 可視化呈現、園區應急調度與指揮的綜合管理服務子平台，信息交換和通信、智能化識別、定位、跟蹤、監控和管理的物聯網子平台，接入各類物聯感知數據、生活服務數據、公共區域智慧應用基礎數據、多樣化的異構數據和同構數據以及實現主題數據庫歸類的大數據子平台，園區導覽、預約的文旅子平台等五大子平台的智慧園區大腦，實現制定園區智慧化項目運營管理標準規範。

自動駕駛

支持建設涵蓋園區內代客泊車、無人接駁車、無人售賣和配送車、無人巡檢車、清掃車等多廠家、多終端（大屏端、移動客戶端、網頁端）自動駕駛雲控平台，實現智能網聯車輛的統一管理、車輛安全認證、數據採集、車輛監控、運營監管服務、故障記錄、數據回放等功能，並支持 FOTA 擴展及安全通信。

智能機器人

支持建設多場景、多模態、多終端的、各類機器人終端設備標準接入的、實時響應特性的面向園區服務的「雲＋端」一體化的智能機器人混合雲平台，開展面向園區服務場景的多語種語音識別、多語種語音合成、意圖理解、人臉識別、聲紋識別等基礎能力的機器人模塊化軟件結構設計、實時任務分割與通信技術、實時數據分發與交互等技術研發，實現工藝優化、遠程監控、智能狀態分析、預測性維護等應用服務，加快機器人的操作系統，雲平台、機器視覺、傳感器、芯片等核心技術攻關，以實現自主可控。

智慧安防

支持構建完整的、集成的、可靠的、易操作的建築智能化園區管理系統，利用 5G 技術和設備、實現園區環境監控、

信息與通信安全、園區周界智能分析、公共區域安防、道路路口監控、智能交通分析（擁堵）、視頻巡邏、電子巡更、安保協同、區域協同、單兵作戰、警情聯動、信息發佈、逃生指引，預防突發事件和事故。

智能物聯

支持建設基於自主知識產權的底層基礎平台、感應感知及算法平台、AI 數據庫和一站式 AI+ 展示體驗中心，與首鋼園人工智能研究院共同推動和引導創新科技成果和示範應用項目進行自主化硬件和算法的適配，並通過計算機視覺技術與機器人＋文創＋體育等產業聯動，進行園區 AI 技術應用展示，構建感、傳、知、用四層體系架構的物聯網，為園區提供數據一體化、服務智能化的解決方案。保持數據安全性的同時，挖掘物聯網生成的海量數據，加強機器、人與企業系統之間的協作，改善洞察力、提高效率和生產力。

在首鋼 AI 園，紅褐色煉鋼高爐下跑着不同類型的自動駕駛汽車，冰冷的鋼鐵森林裏運用了人臉識別技術，現代技術與傳統的重工業廠區完美融合，甚至奔馳的新車發佈會也選在了首鋼 AI 園。

首鋼集團已經正式成為北京 2022 年冬奧會和冬殘奧會官方合作夥伴。利用 AI 技術，首鋼 AI 園設置了科技冬奧、智

慧園區、自動駕駛、智能機器人、智能製造、AI 創新應用示範展廳，這些都將成為園區的核心示範項目。

4.5.5　人工智能滲透中國各行各業

2017 年 7 月，在《新一代人工智能發展規劃》中，國家提出「加快推進產業智能化升級。推動人工智能與各行業融合創新，在製造、農業、物流、金融、商務、家居等重點行業和領域開展人工智能應用試點示範，推動人工智能規模化應用，全面提升產業發展智能化水平」的目標。本章，我們通過具體案例描繪了當前人工智能賦能各行各業帶來的新機遇、新

圖 4.16　作者主持 2018 年「城市升級，產業躍遷」AI 技術峰會

天地。從交通、零售、安防、家居、醫療、金融到傳統產業園，人工智能技術已經滲透到中國的各行各業，發揮中國優勢，實現創新發展。這中間，政府、學術界和產業界都付出了巨大的努力。筆者所在的作為行業紐帶的新智元，也更加清晰地感受到人工智能作為顛覆性的變革力量對產業和社會的影響，圍繞產業甚至城市的「智能＋」升級，開展了多種活動，將 AI 技術規模化、產業化應用和場景落地最前沿的案例帶給行業，推動產業智變升級。例如，2018 年新智元主辦了主題為「城市升級，產業躍遷」的 AI 技術峰會。會上除了阿里巴巴、騰訊、小米等集中掌握 AI 技術的互聯網公司，也有萬向、海爾等製造業公司積極參與。

第五章

真實鏡頭下的中國 AI 人物

　　隨着人工智能在中國蓬勃發展，越來越多的 AI 領軍人物走進大眾視野，各類媒體也紛紛報道他們為人工智能發展、促進 AI 落地所付出的汗水與努力。

　　這些奮鬥在一線的科學家、創業者和從業者們，在人工智能大潮中的引領作用不亞於資本的湧入和新風口的出現，他們的夢想和執着，讓不少中國青年人看到了希望，並願意將自己的青春奉獻給這一朝陽行業。

　　筆者任職的新智元公司曾經廣泛採訪中國人工智能學術界和產業界的傑出人物，讓我們通過新智元的鏡頭，還原這群中國 AI 傑出人物最真實的一面。

5.1　周志華：獲得全球 AI 學術會士「大滿貫」的世界級科學家

　　作為國內人工智能領域最具國際知名度和影響力的學者之一，南大周志華教授的所有學位都是在國內取得的，在海外最多只連續待過兩個月，是完完全全的「本土學者」，這在中國 AI 學術界非常罕見。周志華正是以本土學者的身份成為具有國際影響力的世界級科學家，成就了 AI 學術領域會士（Fellow）「大滿貫」：他是美國計算機協會（ACM）、美國科學

圖 5.1
南大周志華教授

促進會（AAAS）、國際人工智能學會（AAAI）、國際電氣電
子工程師學會（IEEE）、國際模式識別學會（IAPR）、英國工
程技術學會（IET）、中國計算機學會（CCF）、中國人工智能
學會（CAAI）等的會士。

5.1.1　本土學者做出世界級學術貢獻

出生於 1973 年的周志華在南大度過了 8 年的學生生涯，
本碩博都在南大計算機系度過，28 歲被破格聘為副教授，29
歲獲國家傑出青年科學基金，隨後被聘為教授，32 歲時入選
教育部長江學者特聘教授。在計算機領域尤其是機器學習領
域，他出版了多部專著，並在一流國際期刊和頂級國際會議發
表論文 200 餘篇，獲發明專利 20 餘項。

2016 年年初，周志華因在機器學習領域，尤其是在集成

學習、多標記及部分標記數據學習上的卓越貢獻當選 AAAI 會士，也是唯一一位在國內取得博士學位的 AAAI 會士。在 2016 年新當選的 ACM 會士中，中國人或華人僅有兩位：一位是美國微軟首席語音科學家黃學東，另一位就是周志華。

2017 年年初，周志華被選為 2019 年國際人工智能大會（AAAI 2019）程序委員會主席，成為 AAAI 自 1980 年創始以來首位中國人程序委員會主席。對此，周志華以一貫謙虛的態度表示大家「謬讚」了，他會爭取利用這個機會為華人特別是國內學者多做點事。他曾開玩笑地表示第一件事就是要把春節的時間告訴相關工作人員，請會議避開。

周志華可謂是中國人工智能領域尤其是機器學習領域的親歷者與見證者，能獲得國際 AI 領域同行的認可靠的是堅實的學術基礎。

在人工智能如此火熱的今天，周志華對技術的發展也始終保持高度理性和清醒的認知。對於近年來最火熱的技術——深度學習，以及人工智能未來的發展走向，周志華在多場報告中都提到過他的觀點：深度學習可能有「冬天」，它只是機器學習的一種技術，總會出現更「潮」的新技術；但機器學習不會有「冬天」，只要有分析數據的需求，就會用到機器學習。

在深度學習方面，周志華提出了「深度森林」，來拓展深度學習。2017 年 3 月，論文《深度森林：探索深度神經網絡以外的方法》（*Deep Forest: Towards an Alternative to Deep Neural Networks*）中提出了一種基於樹的方法 gcForest，使用相同的超參數在許多任務上取得了不亞於深度神經網絡的結果。這是國際上第一種非神經網絡的深度學習方法。這篇論文指出，當前的深度模型全部都是神經網絡，構建諸如「深度森林」這樣的其他深度模型，為在許多任務中使用神經網絡之外的方法打開了一扇門。

在 AI World 2018 大會上，周志華談到「深度森林」時表示：任何一個理論的提出，都需要經過長時間的發展與完善。「深度森林」目前尚處於初級階段，好比打開了「深度學習」這間小黑屋在神經網絡之外的一扇門，有大量內容需要去探索。

5.1.2　擔任南大人工智能學院首任院長，重視 AI 本科教育

除國際 AI 領域會士「大滿貫」這一身份外，周志華更是南大計算系的一名教授，一直致力於為我國培養多層次的 AI 人才。

「學於斯教於斯」，求學於南大，任教於南大。從學生到教授再到系主任／院長，周志華對南大有着深厚的感情，也用

自身的學術力量與教學熱情影響着南大計算機系。周志華於2013 年 5 月擔任南大計算機系副主任，2018 年 1 月擔任計算機系主任，2018 年 3 月兼任南大人工智能學院首任院長。

　　周志華一直重視本科教育，堅持給本科生上課，早在2016 年就承擔了南大本科生人工智能教學改革項目。南大2018 年 3 月宣佈成立人工智能學院後，周志華被任命為第一任院長並親自授課。學院在大一上學期設置「人工智能導學」課程，由周志華擔任授課教師來介紹這一學科的內涵和精髓。周志華也曾表示在設計人工智能本科專業課程時需要考慮多種因素，每門課程的設置都需要考慮很多問題，而且這些課程之間相互牽扯，必須通盤綜合考慮。

　　除 AI 本科教育以外，周志華在研究生與博士生的培養上也頗有建樹，他培養出了 8 名中國計算機學會優博，佔全國同期的 10%，他建立的 LAMDA 實驗室更是他十幾年的心血。LAMDA 成立於 2004 年，是「Learning And Mining from Data」的縮寫，已成為世界知名的人工智能與機器學習研究機構。LAMDA 培養出來的碩士生與博士生目前也都活躍在計算機科學領域的世界舞台上並逐漸嶄露頭角，或繼續選擇學術深造的道路，或進入企業將 AI 技術應用落地。有些畢業生已經成為名校的教授，有些畢業生則在科技巨頭公司擔當重任。

在知乎上，曾有人提問「南大 LAMDA（周志華）組的實力如何？」，清華大學計算機系副教授劉知遠在這個話題下回答：「周志華老師及其團隊在學術和育人方面的優秀，是超越學校品牌的。也就是說，無論把他們放到哪個學校，都值得同學們去讀他們的研究生。」

學術力量滿分，育人理念更是值得尊重──滿足國家對 AI 人才的真正需求一直是周志華強調的重點之一。正如周志華此前接受新智元採訪時說的那樣：「人工智能時代最缺的就是人才。因為對這個行業來說，你有多好的人才，才可能有多好的人工智能。」

5.2　施路平：跨領域合作勇攀高峰，團隊成果登《自然》封面

2019 年 8 月的頭幾天，許多科技媒體都被一則消息刷屏：清華大學開發的全球首款異構融合類腦計算芯片──「天機芯」驅動的「自動行駛自行車」登上了 8 月 1 日《自然》（*Nature*）雜誌封面，實現了中國芯片和人工智能兩大領域在《自然》雜誌論文零的突破。

這項研究由依託精密儀器系的清華大學類腦計算研究中

圖 5.2
清華大學教授、類
腦計算研究中心主
任施路平

心施路平教授團隊完成，研究人員用一個自動行駛自行車系統
驗證了這一混合芯片的處理能力，開發了一個人工通用智能硬
件演示平台。

　　這項研究雖然是新近才廣為人知，但施路平對於智能和
類腦計算的追尋和研究，卻歷時已久。

　　施路平 1988 年碩士畢業於山東大學晶體所，師從已故晶
體專家蔣民華院士，於 1992 年在德國科隆大學結晶學研究所
獲得博士學位。之後他在德國 Frauhofer 應用光學和精密儀器
研究所和香港城市大學光電子中心進行博士後研究。1996 年
起，他在新加坡科技研究局數據存儲研究院任職，歷任高級研
究工程師、資深科學家和四個重要實驗室的主任：人工認知存
儲器實驗室主任、光學材料和系統實驗室主任、非易失性存儲
器實驗室主任和光學媒體實驗室主任。在新加坡期間，施路平

還獲得了 2004 年的新加坡國家科技獎。

施路平是人工認知存儲器的主要開拓者之一，很早就成為存儲方面的世界知名專家，是國際光學工程學會（SPIE）會士。除了發表過多篇高水平學術論文，他還被世界知名的科技出版品牌 CRC Press 邀請擔任全球非易失性存儲器叢書的聯合主編。

儘管已經是 IEEE 等國際學術團體裏相關學科的頂尖學者，但施路平內心還有更宏大的暢想和抱負——2006 年獨立開啟類腦計算相關研究。2012 年他作為特聘教授加入清華大學，就任清華大學光盤國家工程研究中心主任。施路平認為類腦芯片研究最大的挑戰來自學科的分佈，多學科深度融合是解決這個問題的關鍵。他和團隊的清醒認識得到了清華大學各層面的大力支持，2014 年依託清華大學精儀系並聯合計算機、電子、微電子、自動化、材料系和醫學院創建了清華大學類腦計算研究中心。跨學科的深度合作融合，極大地保障了項目的成功。

實際上「天機芯」早在 2015 年就發佈了第一代，2017 年發佈了第二代。它能夠把基於計算機科學和基於神經科學這兩種方法，集成到一個平台，可以同時支持機器學習算法和現有類腦計算算法。美國《麻省理工學院技術評論》就此發表文章

說，「天機芯」芯片成功在自動行駛自行車上進行實驗，顯示了中國在人工智能芯片領域日益增長的專業能力，以及旨在優化人工智能算法的全新芯片設計方法的價值。

作為信息存儲和類腦計算方面的專家，施路平認為在有些方面計算機早就超越了人腦。但是智能有很多個層次，尤其是對於不確定性的問題，如學習、自主決策等很多領域，計算機和人腦還是有相當大的距離。

施路平深知計算機會逐漸縮小與人腦的差距，在一個又一個技術層面超過人類，因為計算機的發展有一個特點，就是它一直往前走，從不退步。但是，他相信人類能夠把控這種風險，計算機或人工智能不會像科幻電影說的那樣毀滅人類。就像核武器早就已經造出來了，但是為什麼現在它沒有毀滅人類呢？這是因為我們可以掌握它、控制它。人工智能也一樣，人類可以控制它、善用它，利用它幫助人類創造更加美好的生活。

5.3　汪玉：CCF 青竹獎得主，獻策「中國芯」創新生態

2016 年，深鑒科技成立，清華大學電子工程系教授汪玉是聯合創始人之一。深鑒科技是一家專注於深度學習處理器研發與推廣的公司，擁有產業界領先的機器學習研究能力，專注

於神經網絡剪枝、深度壓縮技術及系統級優化。

在短短兩年間，深鑒科技就成功拿到三輪融資，進入芯片初創企業中的第一梯隊，相比那些和深鑒科技同時起跑的芯片企業，深鑒科技無疑已經佔領了先機。

2018 年 7 月，全球最大的 FPGA（現場可編程門陣列）廠商賽靈思宣佈收購深鑒科技。深鑒科技也由此成為近年來 AI 芯片創業熱潮中第一家被收購的中國明星創業公司。今後深鑒科技的主賽道將放在自動駕駛和輔助駕駛領域。

2019 年 5 月，由中國計算機學會主辦的 2019CCF 青年精英大會（YEF2019）在成都召開，汪玉榮獲「青竹獎」。從 2017 年起，CCF 青年精英大會設立「青竹獎」，取義於「勢不可當，價值初顯」，旨在表彰在計算機領域從事工業和高水平學術研

圖 5.3
清華大學教授、深鑒科技聯合創始人
汪玉

討跨界交融並做出突出貢獻的青年精英。汪玉多年來潛心專研，始終致力於高效推進學術與技術的產品化，帶領團隊實現了多項成果轉化，此次獲獎也代表了學術界對他多年努力的認可。

汪玉認為高能效計算芯片有下面三種突破路徑：

- 通用處理器，尺寸微縮異構多核；
- 定製加速器，軟硬件協同優化設計；
- 新器件＋新模型，存算一體、量子計算、光計算等。

他表示：AI 跟數據的獲取、分析以及決策都有密切關係，並且有可能發生在所有的物體裏面，AI 可能推動物聯網的發展。

「每個物體都要連起來，這個量是全球人口總數的幾倍，用到的芯片總量也是非常大的，這將是一個巨大的市場，也是大家覺得需要去做 AI 芯片的原因，它可以在各個地方形成足夠大的出貨量。」

目前國內芯片領域僅應用軟件與世界先進水平相比，情況較為理想，但原料、設備、製造、設計、系統軟件等方面與國際先進水平還存在不同程度的差距。具體到芯片設計，CPU差距較大，市場基本被英特爾等老牌廠商佔領。隨着地平線、寒武紀等一批芯片公司的崛起，AI 芯片設計的差距正在逐漸減小，新器件領域則處在同一起跑線上。汪玉作為學術界

成員，也認識到學術界與產業界合作的重要性及現實問題，一直在呼籲並推動構建半導體創新生態。

5.4　胡鬱：從中科大博士到中國 AI 產業領袖

1999 年，胡鬱成為科大訊飛的聯合創始人。20 年後，胡鬱擔任科大訊飛輪值總裁、消費者事業群總裁，負責主持公司智能語音及語言核心技術的研究工作，帶領科大訊飛科研團隊取得累累碩果。同時，他於 2016 年接手的科大訊飛消費者業務也有了重大進展，AI 應用紅利得以兌現。

每當談起科大訊飛的成功，胡鬱總是感歎：「科大訊飛是那種板凳能坐十年冷、十年磨一劍的公司，我們擁有這樣的基因。」

圖 5.4
科大訊飛輪值總裁
胡鬱

5.4.1　科大訊飛技術基因中的靈魂人物，「訊飛超腦」計劃的
　　　總牽頭人

1978 年出生的胡鬱畢業於中科大，取得了信號與信息處理專業的工學博士學位。自 1997 年以來，他開始從事智能語音核心技術研究及語音數據庫建設工作，參與多項國家「863」、自然科學基金、安徽省級、部級等重大項目的研發，在國內外核心期刊和重要國際會議上發表相關論文 40 餘篇。

多年來，胡鬱堅守科研工作，帶領科大訊飛的智能語音技術邁入世界頂尖水平。其中科大訊飛人工智能前瞻項目——「訊飛超腦」計劃，就是胡鬱在科大訊飛主持的一個標杆性的研究項目。

「訊飛超腦」計劃是要實現基於類人神經網絡的認知智能引擎，預期成果是實現世界上第一個中文認知智能計算引擎。科大訊飛已經集結了在認知智能領域最強的研究團隊，將在知識圖譜構建與推理、人工神經網絡模擬、人腦原理分析模擬等方向展開研究。

在胡鬱的帶領下，「訊飛超腦」的運作採用兩條路徑：一條是深度神經網絡＋大數據＋漣漪效應，另一條則是與人腦相結合。胡鬱介紹說，在打造「訊飛超腦」這項類人智能項目時，

最初想到的一種構建方法是所謂的填鴨式教育——用人工的方法把知識輸入到計算機中去。但大家都希望選擇另外一種方法，類似人類的小孩，讓他們自我學習知識，最終形成自己的意識。因此，「訊飛超腦」打造了擁有 100 多億個神經元的深度神經網絡，繼而利用大數據來進行訓練以改進相關算法，讓系統能夠基於數據實現自主學習和提升。

如今，「訊飛超腦」已經能夠做到看、聽、讀、寫，同時還具備了推理、知識學習與表達的功能。「訊飛超腦」也通過了多場國際比賽和測試的評判：國際最高水平的語音合成比賽——暴雪競賽（Blizzard Challenge）連續十四屆蟬聯第一名，第四屆、第五屆 CHiME Challenge 國際多通道語音分離和識別大賽的第一名，國際著名的常識推理比賽 Winograd Schema Challenge 2016 的第一名，其實力已經得到驗證。

5.4.2　擔綱消費者業務總裁，科大訊飛用 20 億終端連接近百萬開發者夥伴

2019 年電商「6·18」年中促銷季，科大訊飛 C 端產品向消費者交出了一份答卷：翻譯機品類銷售額第一，雙平台連續 3 年冠軍；科大訊飛智能錄音筆在錄音筆品類銷售額第一，銷售熱度超過其他品牌之和。技術勢能終於轉化為產品動能。

　　科大訊飛向 C 端強勁發力，瞄準用戶規模更大的消費者市場，AI 應用紅利得以兌現。這背後的推動者之一正是科大訊飛輪值總裁胡鬱。技術出身的他於 2016 年開始接手消費者業務，當時設想的是力爭 3 年內將 C 端業務做到企業總收入的 50%，為科大訊飛開闢下一個戰場──讓大眾也接受並喜愛科大訊飛的產品，但這個過程並不容易。2016 年也是國內人工智能產業開始走向繁榮的一年，科大訊飛開始了一場從技術轉型業務的攻堅戰。

　　胡鬱透露，科大訊飛剛成立的時候，他們也做過一款面向 C 端的統一輸入法，但結果很不成功。做 C 端產品的基本上都是做產品創新和模式創新的公司，所用的技術一定是成熟的。就像當年的互聯網創新，技術上都是成熟的。但如果是做核心技術創新的公司，一開始就做 C 端產品卻是很困難的。2016 年接手消費者業務時並不輕鬆，但畢竟時機已到，科大訊飛有足夠的技術積累，能夠將技術從軟件到硬件完整地呈現給用戶。

　　如今科大訊飛開放平台的累計終端數已達到 21 億以上，平台的開發者夥伴增長達到近 90 萬，每天的交互次數接近 50 億。

　　胡鬱在 2016 年接手科大訊飛消費者業務時，當時的業務營收是 7 億元，2017 年實現了 14 億元，2018 年實現了 25.17

億元，而 2019 年的目標是繼續保持高速增長。板凳能坐十年冷，20 年的技術累積終於將科大訊飛強勢帶入了 C 端的戰場，胡鬱也成為中國 AI 產業界的代表性人物之一，每每談到自己與科大訊飛的成長經歷，他還是會強調堅持的作用：「能夠耐得住寂寞，保持定力，朝自己認為正確的方向堅持下去。」

5.5　陳雲霽與陳天石：AI 芯片界的「雙子星」

AI 芯片如今已經成為一個決不能輸的戰場，一些在科研院所的學術人員感受到了時代的召喚，轉身投入造芯大軍之中。而在這群主力軍中，有一對閃亮年輕的「雙子星」── AI 芯片領域先行者、寒武紀的創始人陳天石和他的哥哥陳雲霽。

5.5.1　雙雙出身中科大少年班，投身國產芯片研究

中科大少年班堪稱傳奇，被譽為培養中國學術人才的「黃埔軍校」，寒武紀創始人陳天石和他的哥哥陳雲霽是少年班為數不多的親兄弟。

哥哥陳雲霽出生於 1983 年，14 歲考入中科大少年班，19 歲進入中科院計算所碩博連讀，24 歲取得了計算機應用技術專業博士學位，成為當時國產芯片「龍芯」研發團隊中最年輕

圖 5.5
寒武紀創始人陳
天石

的成員。陳雲霽現任中科院計算所研究員、博士生導師、未來
計算實驗室主任，主要研究方向是智能處理器。出生於 1985
年的弟弟陳天石的求學之路幾乎是哥哥的翻版：16 歲考入中
科大少年班，2005 年獲得理學學士學位，2010 年獲得中科大
計算機學院工學博士學位，歷任中科院計算所助理研究員、副
研究員、研究員（正教授）。

　　在中科院計算所就讀期間，陳雲霽師從胡偉武，胡偉武
是現任中科院計算所研究員、博導、總工程師，龍芯團隊首席
科學家，龍芯公司總裁。陳雲霽也順理成章地成為研發團隊中
最年輕的成員，正式邁入集成芯片行業。

　　陳雲霽曾回憶這段「AI 師生緣」：「胡偉武老師的家國情
懷，受到很多人的敬佩。然而在我心中，他更是一位有教無
類的優秀老師。15 年前我本科畢業，報考中科院計算所的研

究生。可能在我之前，計算所從來沒有招過像我本科成績這麼差的學生。當時，胡老師力排眾議，因為我玩計算機遊戲「星際爭霸」的表現，認定了我的培養潛力，把我錄取為他的研究生。從此，我有幸走上了科研的道路。」

哥哥剛踏上國產芯片的征程，弟弟沒過多久也加入進來。陳天石在中科大讀博士期間，本來可以選擇留校工作，但在讀博的最後一年，他時常去北京找哥哥，也正是在這一年，陳天石與胡偉武熟悉了起來。畢業之後，陳天石就加入了「龍芯」團隊。「雙子星」相伴踏入集成電路行業。在龍芯的研發經歷也激發了陳天石將 AI 和芯片結合在一起的大膽想法。

5.5.2　創辦 AI 芯片獨角獸寒武紀，為 AI 裝上中國芯

陳天石就此踏上了 AI 芯片研發之路，而一直在中科院計算所研究芯片的哥哥陳雲霽也成為他的合作夥伴——兄弟倆瞄準了深度學習，他們力圖設計出一款深度學習專用處理器。經過多年的艱苦研究，2014 年 3 月，團隊和法國 INRIA 合作撰寫的《DianNao：一種小尺度的高吞吐率機器學習加速器》，在國際頂級學術會議 ASPLOS 上獲得了最佳論文獎，這也是亞洲學術研究成果首次獲得處理器架構領域頂尖會議最佳論文獎；2015 年 12 月，DaDianNao（又稱寒武紀 2 號神經網

絡處理器，面向大規模神經網絡的應用）榮獲 2014 年度 Micro
最佳論文。

這些科研成果為寒武紀的誕生奠定了堅實基礎。中科院
計算所所長孫凝暉表示：「寒武紀公司是中科院計算所在處理
器與人工智能交叉領域超前佈局的結晶。」

寒武紀於 2016 年發佈了全球首款商用深度學習專用處理
器 IP ——寒武紀 1A 處理器。寒武紀 1A 的橫空出世打破了多
項紀錄，受到了廣泛關注，入選了第三屆世界互聯網大會評選
的十五項「世界互聯網領先科技成果」。據寒武紀當時介紹，
這款處理器基於寒武紀科技所發明的國際首個人工智能專用指
令集，具有完全自主知識產權，在計算機視覺、語音識別、自
然語言處理等關鍵人工智能任務上具備出類拔萃的通用性和效
能比，在 1GHz 主頻下理論峰值性能為每秒 5120 億次半精度
浮點運算，對稀疏神經網絡的等效理論峰值高達每秒 2 萬億次
浮點運算，同時支持 8 位定點運算和 1 位權重。

經過在若干關鍵人工智能應用上的實測，寒武紀 1A 達
到了傳統的四核通用 CPU 25 倍以上的性能和 50 倍以上的能
效。2017 年 9 月，華為發佈全球首款人工智能手機芯片麒麟
970（Kirin 970），通過集成寒武紀技術使華為手機具備了強大
的本地 AI 處理能力。海思和寒武紀的強強聯合，已成為全球

智能芯片發展史中的標誌性事件，為中國高科技公司的商業合作樹立了典範。這兩年的出色表現也讓寒武紀順利拿到了兩輪融資，一躍成為 AI 芯片獨角獸。2017 年 8 月，寒武紀獲得了國投、阿里巴巴、聯想、國科投資等共計 1 億美元的 A 輪融資；2018 年 6 月，寒武紀再次獲得了數億美元的 B 輪融資，公司整體估值已達 25 億美元。

在寒武紀團隊的努力下，2018 年 5 月，寒武紀推出第一代雲端 AI 芯片 MLU100。2019 年 6 月，寒武紀正式宣佈推出雲端 AI 芯片中文品牌「思元」、第二代雲端 AI 芯片思元 270（MLU270）及板卡產品。寒武紀保持着一年一代的研發速度，同時研發多款高複雜度的芯片，證明寒武紀已經具備非常完備的芯片研發能力。從 AI 芯片初創企業邁向 AI 芯片新巨頭的道路上，寒武紀又前進了一步。

5.6　余凱：從百度轉身成為中國造芯主力軍

「一開始你信仰的一些東西，它很有可能是非常小眾和非常邊緣的東西，有很多人不理解。但是你持續並堅持地做下去，你相信這件事是正確的，最後會是一個非常好的東西。」

地平線創始人兼 CEO 余凱對自己所堅持的東西從未灰

圖 5.6
地平線創始人兼
CEO 余凱

心，也一直相信只要堅持自己認為正確的東西，未來一定會有好結果。自人工智能第三次浪潮興起，AI 產業界也經歷了浮沉跌宕，有多少投機者頻繁進出，只有極少數人極為執着地留了下來。

　　余凱就是其中一個執着者，2019 年 2 月 27 日，地平線宣佈獲得 6 億美元 B 輪投資，估值達 30 億美元，創造 AI 芯片創業公司融資最高紀錄，成為中國造芯隊伍的主力軍。

5.6.1　中國產業界 AI 啟蒙的代表人物之一，主導組建百度深度學習研究院

　　余凱畢業於南大電子科學與工程學院，於 1998 年和 2000 年分別獲得學士和碩士學位，2004 年在德國慕尼黑大學獲得計算機科學博士學位，曾經在微軟、西門子和 NEC 工作。創

立地平線之前，他曾是百度深度學習研究院的副院長。

余凱於 2012 年 4 月加入百度，着手組建深度學習實驗室，並發起中國第一個自動駕駛項目。在百度的這段經歷是他全力推動所信仰的人工智能落地的開始。和其他先驅一樣，他同樣面臨着一個問題：在那個時候，人們對深度學習的重要性還沒多少認知。余凱苦苦思索如何推動百度在深度學習上加大投入。

一次偶然的機會，深度學習的重要性及其價值被百度高層意識到。2013 年，余凱主導組建了百度深度學習研究院，擔任副院長，李彥宏親自任院長。該研究院主要進行的是深度學習、機器人、自動駕駛、人機交互、3D 視覺、圖像識別、自然語言理解等方面的研究。除促使百度這樣的大企業認識到人工智能的重要性外，余凱還協助百度招募了很多知名科學家，2014 年 5 月，余凱說服多年好友、斯坦福大學人工智能實驗室原主任吳恩達加入百度，擔任百度首席科學家。

5.6.2　地平線變身全球估值最高的 AI 芯片公司，成為中國造芯主力軍

2015 年 5 月，余凱認為自己已經在百度完成了使命後，便離開百度，於同年 7 月創立了地平線。當時，公司的中文名

字還叫作「地平線機器人」，這也可以看出余凱未曾改變的野心——要在智能時代的機器人系統中扮演核心角色。當然，這裏的「機器人」不是一般意義上的「機器人」，而是涵蓋意義更廣泛的英文「Robotics」的自動化系統，比如一輛智能汽車。

初創企業難，余凱也曾經陷入幾乎每個創業者都遇到過的困境。在一次演講中，余凱曾自嘲，以前頂着百度深度學習研究院院長的光環，走到哪裏都是人人圍着自己轉，可一旦創業後，突然發現自己誰都不是，還要苦惱發不出員工的工資。

但沒過多久，余凱便在朋友圈曬出他與硅谷傳奇風險投資家 Yuri Milner 的合影，並且成功拿到後者的投資。接着，地平線宣佈 A+ 輪融資成功拿到英特爾等機構超過 1 億美元的融資，其中一個原因就是地平線與英特爾在 CES 2017 上聯合發佈了基於地平線 BPU 架構的高級輔助駕駛系統。

如今，地平線是中國唯一在世界四大汽車市場（美國、德國、日本和中國）與全球頂級代工廠和一級供應商建立合作夥伴關係的自動駕駛初創企業。地平線公司於 2018 年發佈的兩款芯片「征程」系列處理器和「旭日」系列處理器，已經大規模用於自動駕駛和 AIoT 邊緣計算等領域，預計 2019 年內將在車規級計算平台和第三代芯片架構方面取得突破性進展。

2018 年遇到資本寒冬、國際形勢變化，中國高科技公司在美國的行動多處受限，地平線的 B 輪融資也振奮了整個行業——地平線獲得 SK 中國、SK Hynix 與數家車企及其旗下投資公司的融資。B 輪融資後，余凱接受新智元的採訪並表示，汽車是未來機器人操作系統的具象化縮影，而地平線 B 輪融資以後最新的使命宣言，是做「邊緣計算領域的英特爾」。

選擇邊緣計算是地平線從市場的重要性和空白點兩個角度考慮做出的差異化市場定位。目前，以谷歌、亞馬遜等為代表的互聯網巨頭都是將雲計算作為出發點和根據地。同樣，傳統芯片巨頭交戰最慘烈的戰場，也是數據中心處理器。在如今的國際形勢下，地平線押寶邊緣計算逐漸成為當今國內自主研發芯片的主力軍之一。

5.7　吳甘沙：馭勢而行，一場「原力覺醒」的 AI 創業旅程

「知識分子要讓他去革命的話，一定要觸及他的根本利益，以此推理，外企的高管要出來創業也得觸及他的根本利益。2016 年 7 月我搬到順義，在中關村上班，於是開始了每天三個小時在上班路上的痛苦日子。所以，當有一天我的創業

合作夥伴趙勇和我談起自動駕駛時，我的內心一下子就原力覺醒了。」

在英特爾任職 16 年後，時任英特爾中國研究院院長的吳甘沙於 2016 年創立馭勢科技，一頭紮進自動駕駛的戰場。

5.7.1　16 年英特爾研究生涯，被創業夢觸動投身自動駕駛

2000 年，獲得復旦大學碩士學位的吳甘沙，被英特爾納入麾下, 一待就是 16 年。此後，他參與並完成了包括受控執行環境、並行計算等方面很多英特爾內部的關鍵研究, 涉及芯片架構、系統軟件、編譯器、多核 / 眾核編程語言等多個領域。

2011 年，吳甘沙成為英特爾中國研究院（Intel Labs China）的第一位「首席工程師」，此後又當選英特爾中國研究院院長，從 2014 年開始佈局 5G 通信、人工智能和機器人

圖 5.7
馭勢科技聯合創始
人兼 CEO 吳甘沙

三大方向。其中研究院在人工智能和高情商服務機器人的交叉研究成果，於 2016 年取得世界情緒識別大賽（ACM-ICMI-EmotiW）的冠軍。

創新機制是吳甘沙尤其關注的領域，他本人領導了英特爾技術戰略長期規劃的大數據部分（TSLRP-Big Data），同時致力於推動研究院與大學加強合作。吳甘沙認為，未來成就新巨頭的路徑，很可能是先從大學和科研機構裏找到技術，然後有企業家精神的人對此進行產品化和商業化。

吳甘沙的創業夢想由來已久。早在 2001 年，吳甘沙就差點投身互聯網，然而看着那濁浪滔天，他滿是疑惑地留在了岸上。之後吳甘沙一步步做到了英特爾中國研究院院長，而世界也變得躁動起來。雲計算、物聯網、大數據、互聯網金融、VR/AR，一波又一波的技術浪潮，但吳甘沙始終沒有選擇創業。

2015 年英特爾的一次高層領導力培訓上，講師的一席話讓吳甘沙徹夜難眠：領導者的使命在於設計一個不確定的未來，沒有人敢押注的未來。

世界有時候就那麼奇妙，你很難知道哪些事情會突然觸動到你。但一旦發生，它就會和過去的記憶發生奇妙的化學反應。對吳甘沙來說，內心真切感受到的痛點就是自動駕駛。

5.7.2　創立馭勢科技，探索自動駕駛的中國道路

　　自動駕駛是一個「巨頭博弈＋贏家通吃」的市場。在自動駕駛產業的逐鹿名單中，有谷歌、百度、特斯拉、奔馳、寶馬等，這些公司中最年輕的是特斯拉，2003 年成立。中科院複雜系統智能控制與管理國家重點實驗室主任王飛躍說，這個市場存在莫頓所謂的馬太效應，贏家通吃。自動駕駛未來只有幾個大玩家。這似乎意味着，自動駕駛並不是創業公司應該進入的領域。

　　然而，吳甘沙於 2016 年 2 月創立了馭勢科技，專注自動駕駛。事實上，公司創立三年多來，馭勢科技在國內自動駕駛領域與同行相比顯得有些「另類」，既不同於專注 L4 級的企業，也不同於專注低速限定場景企業，馭勢科技選擇切入 L3 級／ L4 級自動駕駛的多個場景，探索新的商業模式，有「自動駕駛界產品經理」之稱。

　　在接受新智元採訪時，吳甘沙提到做自動駕駛，很容易陷入兩個誤區：一個誤區是硅谷範兒的「火箭派」，其理論依據是「既然無人駕駛是登月，那就造火箭。既然未來的大方向是出行，就一步到位做無人駕駛出租車的運營」。但即使是 Waymo 的 6.2 萬輛車，獲得數據的能力也是有限的，而且在二三十個城市裏的乾乾淨淨的道路上跑，數據也不夠豐富和多

樣化。這意味着，Waymo 的 L4 級商業化路徑存在可擴展性的問題。另一個誤區是過於務實的路徑，從垂直細分做起，走農村包圍城市路線。可是，在「火箭派」眼裏，這是「梯子派」：想登月，先造梯子，務實是務實，但未來的天花板太低。

吳甘沙分析了「火箭派」和「梯子派」兩種路線的利弊，他的設想是：用火箭的技術造各種飛機，基於用飛機的錢和數據再來提升火箭技術。具體而言，是用基於 L4 級自動駕駛的技術，降維到具有確定邊界的 L3 級 /L4 級商業化場景，大規模部署確定邊界的 L3 級 /L4 級應用，獲得現金流和大量數據後，進一步突破 L4 級自動駕駛。馭勢科技形成了自己的方法論：任何一個垂直細分市場，真正要實現無人，其實都需要大量的研發投入，不可能多頭並進，以創業公司的資源，頂多做一個。這樣的選擇有機會成本，所以必須精挑細選。在該方法論的指導下，馭勢科技最後選擇在無人駕駛物流拖車領域投入重兵。目前，馭勢科技的物流拖車已經跟頭部國際機場和保稅港等大客戶展開商業化合作。

2018 年，馭勢科技同上汽通用五菱合作的寶駿 E200 智能泊車產品，成為國內首個全自動代客泊車商業項目，用戶只要在手機 App 上選擇一鍵停車，車輛就會自動尋找車位，完成停車後，自動熄火。馭勢科技的商業模式也逐漸清晰，即吳甘

沙稱之為「鐵人三項」的商業模式：上面是厚積薄發做好 L3
級和自動代客泊車，賺數據但不賺利潤；下面是全力以赴做好
區域無人物流的整體解決方案，賺利潤重於數據。

　　2018 年下半年，「自動駕駛寒冬論」悄然興起，在「2019
新智元 AI 技術峰會—— 智能雲・芯世界」上，吳甘沙表示自
動駕駛是「第二眼美女」，即自動駕駛的關鍵就是找到真實的
需求，用真正無安全員的解決方案幫客戶省錢。在低頭趕路的
同時，也要抬頭看天。

5.8　宋繼強：將英特爾打造成 AI 機器人的「黃埔軍校」

　　宋繼強博士畢業於南大計算機應用技術專業，2008 年加
入英特爾公司，經過十余年的歷練，現如今，宋繼強已成為英
特爾中國研究院院長，正致力於推動基於英特爾技術的人工智
能、個人機器人交互和智能基礎設施研究。

　　對於如何做好一個研究院，宋繼強有自己的看法，他認
為至少要具備三個條件：首先，有能力把人才吸引進來；其
次，為人才提供好的環境，給他自由的空間發揮想像力並執行
下去；最後，把想法變成現實，看到技術帶來的實際結果，產
生價值。

圖 5.8
英特爾中國研究院
院長宋繼強

在「2017 新智元開源‧生態 AI 技術峰會」上，宋繼強作為大會聯合主辦方代表，發表了題為「釋放 IA 原力，擁抱 AI 時代」的演講。宋繼強認為，人工智能目前已經到了一個轉折點，要將這股熱潮繼續下去，而非再次陷入 AI 冬天，需要將技術升級真正落到產業裏，只有產業才能把技術真正推動下去，而要實現這一點，攜手合作打造生態至關重要。

在新智元對宋繼強的獨家專訪中，他提到了英特爾中國研究院最令他自豪的三項人工智能研究：計算機視覺、環境物體識別和自適應人機交互。

宋繼強認為，英特爾中國研究院很適時地趕上了 AI 浪潮。3 年前，他們做計算機視覺的研究時，就已經開始去鑽研深度學習這一技術方向，而且取得了不錯的成果。

第二項研究是從視覺理解擴展而來的物體識別、環境理解等領域。例如，平安城市裏的數字監控系統，就需要理解這個場景裏發生了什麼，理解除人臉之外的其他物體。

第三項跟人工智能相關的就是涉及人機交互的服務機器人。人工智能應用實際上是針對某些具體的需求再訓練一些能力，通常不能保證百分之百可靠，特別是在遇到一些新場景或者一些不太好的視角時，置信度並不是很高。但是，在產品級應用中，必須提供一致的用戶體驗，不能因為看不清就不做。對此，英特爾將 AI 技術和人機交互放在一起來彌補 AI 的不足。

對於英特爾的未來，宋繼強也有很多期待，他表示：「對於英特爾來說，我們的目的是成為未來機器人技術／智能自主設備的『黃埔軍校』。」

如今的 AI 計算邁入了超異構時代，需求也與三年前大有不同。與此同時，作為老牌芯片廠商的英特爾正在尋求轉型，渴望緊握數據紅利，釋放數據價值。而在這方面，身為英特爾中國研究院院長的宋繼強也根據現實情況做出了思考──什麼才是 AI 計算未來 10 年甚至 50 年發展的主要驅動力？

硬件基礎只是 AI 生態中的一個環節，但是以數據為中心的未來還需要更完整的系統思考，單一因素已經不足以滿足多

元化的未來計算需求。

宋繼強認為超異構計算需要擁有三大要素：首先要有多種架構、不同種類、不同功能的芯片；其次，要利用好在多個生產工藝節點上已經充分驗證的高性價比芯片；最後，需要統一的異構計算軟件來讓開發人員更好地對其進行利用。

從英特爾的角度看，AI 需要六個不同的技術支柱來應對未來的數據多樣化、數據量爆發式增長，還有處理方式的多樣性。這六大技術支柱是：工藝製程和封裝、架構、內存和存儲、互連、安全、軟件，它們是相互關聯、緊密耦合的。

對於邁入超異構時代將給英特爾帶來怎樣的轉變，宋繼強認為這六大技術支柱會帶來指數級的創新，也是英特爾未來10 年甚至 50 年發展的主要驅動力。

第六章

新中國成立 100 年，
開啟 AI 新萬象

　　當前人類正處於這樣一個節點：由於人工智能的出現及應用，我們第一次看到了構建「機器意識」的可能。近年來，「AI 落地與產業化」成為熱詞。隨着越來越多智能應用的出現，智慧機器將不再只是單純的機械，而是能與人交互、對環境做出響應的機器，它們將逐漸深入我們的生活。

　　雖然可能沒有意識到，但我們在使用智能手機的時候，已經用到了許多 AI 技術，包括計算機視覺、自然語言處理等。這些技術的發展，讓機器能夠「感知」世界，擁有「看」「聽」乃至「說」的能力。人工智能、5G、物聯網……世界正朝着「萬物互聯，人機共生」的方向發展。在這個發展過程中，有一點是確定的：「萬物互聯，人機共生」將帶來美好的世界。

　　但是，我們仍有很多問題要問：人工智能發展到了什麼程度？未來哪些工作將被人工智能取代？我們需要警惕人工智能嗎？中國將在全球人工智能發展中處於什麼位置？

　　2049 年，是中華人民共和國成立 100 周年，發展科技、提高自主創新能力是實現中華民族偉大復興的關鍵，人工智能是其中的核心技術之一。未來 30 年，人工智能將面臨無數突破點，也將給我國社會生活的方方面面帶來翻天覆地的變化。

　　在本書最後一章，讓我們再前瞻 30 年，邀請人工智能領

域知名學術專家和產業界領軍人物來共同探討我們關心的人工
智能焦點問題：人工智能會如何增強人類已有的能力？人工智
能會如何創建一個萬物互聯的新世界？中國是否會引領全球人
工智能的發展？

　　針對「2049 年人工智能未來展望」這一主題，來自清華
大學、中國科學院等高校和研究院所的研究人員和產業界精
英一起對人工智能相關的技術驅動力、關鍵性突破、類腦計
算、腦機結合、智能助理以及 AI 技術在醫療、金融、能源、
安防、自動駕駛方面的應用等問題進行了討論。從「人工智能
改變人類」「人工智能改變世界」「人工智能改變中國」三個角
度，對 2049 年中國人工智能的發展情況做出十大預測。

　　本章 12 位受採訪專家名單如下（排名不分先後）。

　　梅宏：中國科學院院士，中國人民解放軍軍事科學院副
院長

　　段樹民：中國科學院院士，神經生物學家，長期從事神
經生物學研究

　　張勤：中國科學技術協會原黨組副書記、副主席，國際
核能院院士，中國人工智能學會不確定性人工智能專業委員會
主任

　　史忠植：中國科學院計算所研究員，博士生導師。長期

從事智能科學、認知科學等方面的研究

　　孫茂松：清華大學計算機科學與技術系教授，清華大學人工智能研究院常務副院長，清華大學計算機科學與技術學位評定分委員會主席

　　劉知遠：清華大學計算機科學與技術系副教授，從事知識圖譜與語義計算、社會計算與計算社會科學等方向的研究

　　王成錄：華為消費者 BG 軟件部總裁

　　李世鵬：科大訊飛副總裁，訊飛 AI 研究院聯席院長

　　周伯文：京東集團副總裁，京東人工智能事業部總裁，京東人工智能研究院院長

　　邵洋：華為消費者 BG 首席戰略官

　　吳甘沙：馭勢科技聯合創始人、董事長、CEO

　　張越：中央電視台《機智過人》節目製片人

6.1　2049 年，腦機融合是否將拓展人類認知邊界

　　如何將計算機和人類結合起來以增強人類已有的能力，是我們目前面臨的一項重大挑戰。在過去的 20 年裏，「智能增強」作為「模仿人類的 AI」對人類活動進行了補充，在工業和學術領域都取得了重大進展。計算和數據被用於增強人類智

力和創造力；搜索引擎被視為智能增強的一個例子，因為它可以增強人類對事實知識的記憶；機器翻譯也是智能增強的一個例子，它可以增強人類的溝通能力；基於深度學習的聲音和圖像生成技術則增強了藝術家調色和創造的能力。未來，人工智能將與人類合作，通過幫助人類和增強人類能力的方式增加社會福利，提高人類的生活水平和生產力，讓每個人的生活更美好。

埃隆‧馬斯克（Elon Musk）的腦機接口公司 Neuralink 最近宣佈找到了高效實現腦機接口（Brain-Computer Interface，BCI）的方法。該公司開發了一台「神經外科機器人」，向生物大腦中植入被稱為「線」的定製芯片，然後可以直接通過 USB-C 接口讀取大腦信號，甚至可以通過手機應用程序對外部進行控制。Neuralink 公司已開始在老鼠身上進行測試，並與加州大學戴維斯分校合作用猴子做實驗。馬斯克稱現在已實現讓猴子通過大腦來控制計算機。這些技術最終可以被用於在癱瘓的病人體內植入芯片，讓病人能夠用自己的大腦控制手機或計算機。

另外，Facebook 和加州大學舊金山分校的研究人員正在通過 BCI 計劃，試圖構建一種非侵入性可穿戴設備，該設備能讓人通過默想自己要說的話來打字。到目前為止，該團隊已

經實現了兩項突破：一是通過解碼腦電波並使用深度學習方法直接從大腦信號中合成口語句子；二是通過植入電極，實時準確地從大腦信號解碼出佩戴設備的人聽到和說出的話，將其轉換成文字。這一研究最終可能被應用於對話環境中的實時語音解碼，對那些無法說話的患者來說意義重大。

那麼，到 2049 年，認知科學是否會有大的突破呢？對生物大腦的研究，是否會影響人工智能的研究？人工智能在哪些方面會增強人類的能力？王成錄、段樹民、李世鵬、梅宏等專家為我們進行了解答。

新智元專訪了王成錄。王成錄說，人工智能技術是一種通用技術，是可能改變人類社會所有行業的一種基礎技術，並且已經在許多領域發揮了巨大作用。從這個角度看，王成錄表示對人工智能未來的發展是很樂觀的，認為它的發展空間非常大，跟其他各種學科交叉起來，將會發揮越來越大的作用。

王成錄認為人工智能在目前階段面臨的一個非常大的挑戰是，AI 無法根據條件的變化，自適應改變自己的運算規則。AI 現階段基本上是依賴數學算法和計算機來做運算，本質上還是一個計算機和數學運算相結合的技術。談到腦科學，王成錄認為 2049 年腦科學有很大突破的可能性不大。把大腦的完整運作機制都搞得非常清楚，讓機器像大腦一樣去思

考，至少在 2049 年還幾乎不可能實現。

　　段樹民談道，現在人類對大腦的認知在微觀和宏觀兩個層面已經研究得比較清楚了。從微觀層面看，按照還原論的觀點，神祕複雜的腦功能都可以通過分子細胞層面來分析解釋，而過去 100 多年，科學家從分子細胞水平來解析腦的活動機理，基本上對腦神經細胞水平的信息加工已經了解得很清楚了；從宏觀層面看，皮層、腦幹等各個腦區負責的功能（比如我們的語言、聽覺、視覺加工、味覺、運動等），目前也比較清楚了。

　　目前尚未研究清楚的是介於微觀和宏觀之間的中間環節，神經科學上稱為神經環路，人工智能上稱為神經網絡。對神經環路的解析是一個難點，也是一個關鍵點。從解剖形態到解析功能，從簡單到複雜，從小動物到人，很多神經元在一起為執行一個功能形成了一個功能網絡。信息在其中傳遞處理的過程，可能是成千上萬甚至上億個神經元連接在一起活動產生的。但這其中一個神經元和多少神經元連接，連接點在哪兒，機制如何實現，網絡如何運轉，還不是很清楚。

　　對於人工智能和腦科學融合的研究，段樹民認為智能和腦二者要綜合考慮，因為這是一個交叉融合的學科。目前大家也都意識到它們應該是關聯的，也應該是比較重要的，但是真

正要交叉研究，相對來說並不容易。需要研究腦科學和研究人工智能的人一起相互了解，找到共同語言，再一起找到共同感興趣的問題。

李世鵬表示，很難估計 2049 年時科技發展的程度，在很大程度上它可能超過我們今天所有的想像。他提到，人類科技發展史一直在以一個很快的加速度非線性發展。未來 30 年，人類絕對會對人腦的認知有重大突破，不一定和人工智能有關，但一定和我們的知識獲取、認知、判斷、解決問題、創新、創作等人類後天需要學習的技能有關，比如會研發新的教育系統、新的培訓系統等，以喚醒人類自身的潛能為目標。李世鵬表示，他個人比較反對任何在人身上植入人造器件來增強某一方面功能的做法，畢竟遵守自然法則是首位原則，但不反對用此類器件來協助殘障人群康復。

梅宏在接受央視《機智過人》欄目採訪時表示：任何科學上的突破都是科學家們所期盼的，他們也一直在為之而努力，但在一個 30 年的跨度上要預測有沒有突破還是一件很困難的事情。只能說，未來的 30 年會不斷有突破，但這些「突破」是什麼程度上的突破，現在還難以預知。大腦工作機制的研究一直是人類研究的重點之一，然而直到現在，我們仍然無法說對大腦已經有全面清晰的認知。梅宏認為大腦的研究是一

個涉及生物、物理、信息等多學科的綜合性研究，而研究的突破有賴於其他相關科學的進步和突破，因此，這必定是一個長期的循序漸進的過程。

隨着成像技術分辨率的提高，人類已經可以發現大腦中的放電神經元，運用光脈沖可以探明大腦內的細胞活動是如何影響行為的，使用高分辨率成像技術還可以觀察大腦如何在人體內實現結構上和功能上的連接。但實際上，人類目前研究大腦的技術還很有限。對於更複雜的人類意識和思想，目前沒有任何科學儀器可以去探索或者追蹤，人類的大腦仍然是科學界的最大謎團之一。因此有人對該研究持懷疑態度——以目前的技術還未能完全實現大腦圖譜研究的目標。由此可見，開發神經科學的研究技術和工具仍是重要課題。我國也正在論證啟動腦科學與類腦計算的重大研究計劃。

對生物大腦的研究會促進人工智能仿生模型的研究。例如，近年來比較受追捧的深度神經網絡，其基礎模型也是源於人們對腦神經元的認知和模擬。我們已經熟知的深度學習中的神經網絡的基礎構件——神經元模型，其本身的靈感就來源於神經元細胞的工作方式。國家重大科技專項——中國「腦計劃」（即腦科學與類腦科學研究）中類腦科學的研究就是探索模仿大腦生物神經系統的結構與工作原理，以此來推動人工智

能研究的進程。從歷史經驗看，對生物機理的研究帶給人們的更多的是思考，而不一定是直接的模仿。例如，飛機的發明源於人們對於鳥類飛翔的思考，但最終人們並沒有以直接模仿鳥類飛翔的方式製造飛機。

人工智能的基礎是計算機的運算和存儲能力，從目前的發展情況看，它對人類能力的增強也體現在相關方面。例如，人工智能在圖像識別、人臉識別方面取得了一些進展，這種進展與計算機的運算能力和存儲能力相結合，使得人們在大量圖片／照片中尋找某個或某類圖片／照片的能力大大增強。所以，不能把人工智能和相關的計算機技術分割開來（實際上，長期以來，人工智能都被視為計算技術的一個分支學科），而是應該把包括人工智能技術在內的信息科學技術整合起來，幫助人們做更多的事情。

6.2　2049 年，人工智能是否將逐漸掌握智能主權

「人工智能威脅論」是一個經久不衰的主題，人類受機器威脅、機器人統治世界等觀點通過科幻小說、電影等面向大眾的形式被廣為傳播。甚至包括霍金、馬斯克等人在內的若干著名科學家和企業家也是人工智能威脅論的信奉者。

霍金認為，人類需警惕人工智能的發展威脅，因為人工智能一旦脫離束縛，以不斷加速的狀態重新設計自身，人類將無法與之競爭，從而被取代。霍金多次警告世人，人類需要關注人工智能的深遠影響，當人工智能在程序設計領域變得比人類更優秀，以至於它可以在沒有人類幫助的情況下遞歸地進行自我改進時，我們可能會面臨一場智能爆炸，最終導致機器的智能遠遠超出人類。

那麼，30 年後的人工智能將發展到什麼程度？人工智能有可能取代人類掌握未來的智能主權嗎？我們需要警惕 AI 嗎？

在接受新智元採訪時，邵洋表示：AI 是從仿人開始的，現在做的是增強人類、幫助人類的事。但是大家有個擔心，會不會有一天 AI 以幫助人類的名義取代人類？目前 AI 技術發展沒有明確的規範，所以大家會基於自己想像中可能幫到人類的方式去構築 AI 的各種能力。構築能力的過程不完全是基於大數據來完成的，因為人類的學習過程並不是基於大數據的。一個孩子可以從很有限的數據中學習到同樣的知識，更多是通過抽象建模的方式學習。邵洋認為 AI 將會很快突破限制。但從另一個角度來說，現在更需要的是同步甚至提前限制。只有在儘快識別出 AI 對人類可能產生的危害，並及時對其加以限制的情況下，AI 才有可能持續地良性發展。

　　目前，人類處於智能的最高層，那麼未來會不會有一個臨界點，超出這個臨界點之後 AI 可能會掌握智能主權，甚至對人類形成威脅？如果未來 AI 掌握了智能主權，那麼我們應該怎樣保障人類的安全？

　　邵洋的回答是：我們經常將人工智能跟人類比較，有時候通過棋類來比較，有時候通過知識來比較，但是在很多領域其實人工智能已經超過了人類。比如人工智能現在聽聲音的能力可能比人類聽聲音的能力要強，很多模糊的聲音人類聽不到，人工智能能聽到；人工智能寫文章的效率，也遠遠超過人類寫文章的效率。

　　人工智能超過哪個點之後，就會對人產生危害，這一點可能並不明確。邵洋認為這需要有人去研究，也許是從倫理學、社會學等領域及早地去研究。他舉了其他一些技術的例子，如核武器。核武器很早就被研究出來了，也很早就被限制在特定的國家，並限制在相應的數量，而且還發展出限制核武器的一些公約。再如基因學，也很早就做了一些限制，特別是對人類基因的克隆進行了限制，比如人造人就屬於一個禁忌。很多相關的問題還沒有突破，但肯定已有人在進行研究。

　　邵洋說：「我覺得大家可能還是太低估人工智能了，認為它離對人類產生危害還早。對於其他的危害，你預期到它發生

危害之前，就可以把它限制住。因為它可能要麼是一個突發性的局部災難，比如美國向日本廣島投放原子彈；要麼是一個很漫長的過程。但 AI 不是漫長的事情，它是指數級地往前走的，所以這 10 年沒有問題，不代表下一個 10 年沒有問題。等發現它有問題，再來阻止這件事情時，可能就限制不住了。我覺得最需要去研究這個問題的就是中國，因為中國的人口最多，試錯成本是最高的。」

李世鵬認為，任何科技的進步都有兩面性。人工智能也不例外。他特別強調，目前我們考慮的僅僅是人工智能本身可能帶來的威脅，而沒有充分考慮人工智能對整個社會生態的影響。按照目前人工智能的發展速度，30 年後很可能會出現人造的超級智能，它和我們人類一樣具有推理、思考的能力，如果你想賦予人工智能情感、價值觀、藝術創作能力，也是可以實現的。其實今天我們已經看到了，很多以前人類的簡單重複性工作已經被人工智能所取代。這裏其實有一個很深的哲學問題：人類到底為什麼生存？也許在未來 30 年人工智能領域中會出現很多被禁止或者被限制的應用。很多人類自己發明的大規模殺傷武器也許會給我們一些啟發。不管科技如何發展，最終的使用甚至濫用都是人類自己決定的。李世鵬比較贊同的一個觀點是，無論何時何地，人類都身處人工智能的回路裏。無

論如何，30 年後人工智能都會給我們的生活方式帶來不可逆轉的巨大變化。

張越在接受新智元採訪時說：「我自己對人工智能的看法還是挺積極的，人工智能帶給了我們無限的可能。所以從目前來看，人工智能更多的還是賦予人類更強的能力。實際上，現在還遠遠達不到所謂的人機共存。目前還是人類在使用人工智能，在這樣的一個大的前提下，我對人工智能的看法還是相對積極的。」

張越認為技術從來都是需要警惕的，就像原子彈誕生之後，出台了各種防止濫用原子彈的條約和約定。實際上人類是不可能阻止歷史前進的步伐的，技術並不會以個人的意願為轉移而停止前進，但我們可以制定各種規則去約束它。人工智能並不會因為人類不想讓它怎樣就會不發展。

段樹民認為，在某些方面，如計算、下棋，人工智能比人腦做得好，但綜合來看，人工智能在短期內不會超過人腦。像自我意識、情感、藝術創造，甚至讓機器人模擬人類打乒乓球、打網球等需要協調性的運動，這些對人類來說比較簡單的事情，對人工智能機器人來說還比較困難。

梅宏對人工智能的看法也很積極。從科學的角度來看，現在就討論人工智能會不會掌握所謂的未來「智能主權」或者

會不會「毀滅人類」，他認為其實大可不必，因為人工智能技術的發展還遠遠達不到人們想像的程度。不僅是當前，在未來很長的一段時間之內，人工智能可能都不具備取代人類「智能主權」的能力。無論未來 30 年會發展到什麼程度，人工智能也不可能取代人類的創造性勞動，更不用說毀滅人類或是取代人類的「智能主權」。目前，主流人工智能學術界致力於研究受到人類智能行為啟發的「智能工具」（被稱為「弱人工智能」），而並不是去「創造」擁有「自主意識」的智能機器（被稱為「強人工智能」）。目前，我們取得巨大成功的技術都來自「弱人工智能」。用國際人工智能聯合會議前主席、牛津大學教授伍爾德里奇的話來說，強人工智能「幾乎沒有進展」，甚至「幾乎沒有嚴肅的活動」。所有的人工智能算法都是人類科學家、工程師設計的，這些算法都是以數學、計算機科學為基礎，科學家了解它們的行為上限，所以大眾不必擔心，至少在我們能預見的時間之內，不必擔心人工智能侵犯人類的所謂「智能主權」。

　　至於人工智能會不會給人們原本的生活帶來所謂的「威脅」，或者要不要「警惕」AI，這要看人們怎麼理解「威脅」的存在，並要看人們怎麼使用這些技術。例如，當前的聲音合成技術越來越接近人類真實的聲音，如果人類不能很好地利用

這項技術，而是將它用於非法的領域，那麼對人類原本的正常生活秩序就是一種威脅；但如果能善用之，那就不是一種威脅。所以，關鍵還在於人類如何利用信息技術的發展成果。當然，對科技工作者而言，應該堅守科研倫理，堅持科技向善的理念。科技發展應該服務於人類社會的發展，科技研發的基本出發點應該是以人為本。

6.3　2049 年，人類社會倫理是否面臨人工智能挑戰

人工智能帶來了一系列令人驚歎的技術創新，如生成足以以假亂真的人臉圖像、驅動自動駕駛汽車、協助司法決策等，正如中國工程院院士鄭南寧所說：「人工智能模糊了物理現實、數據和個體之間的界限，同時也帶來了複雜的道德、法律、倫理和安全問題，而解決這些問題是一項全球性任務。」

近年來，全球各國都在試圖面對人工智能可能帶來的社會倫理挑戰。2019 年 4 月，歐盟發佈了《人工智能倫理準則》，列出了「可信賴人工智能」的 7 個關鍵條件——人的能動性和監督能力、安全性、隱私數據管理、透明度、包容性、社會福祉、問責機制，以確保人工智能足夠安全可靠。根據這些準則，算法做出的任何決定都必須經過驗證和解釋。

　　我國也沒有迴避這一挑戰性問題，國家新一代人工智能治理專業委員會 2019 年 6 月發佈了《新一代人工智能治理原則——發展負責任的人工智能》，提出和諧友好、公平公正、包容共享、尊重隱私、安全可控、共擔責任、開放協作、敏捷治理八項原則。

　　那麼，人工智能未來會帶來哪些倫理挑戰？我們怎樣才能夠實現可信賴、負責任的「善意 AI」？新智元就此採訪了多位專家。

　　周伯文在接受新智元採訪時表示，說到倫理，我們要關注的不僅僅是「不做錯事」，更要關心「多做好事」。這或許就是實現「善意 AI」的前提：我們今天研究人工智能、發展這項技術，我們的「初心」一定是以「為增進人類福祉」為基本目標。如果說，AI 的起源是為了模仿人的能力，AI 的終極目標則是為了服務於人。

　　技術是把雙刃劍，越是強大的技術，在帶來巨大紅利的同時，越會暗含着巨大的責任。這就需要我們在發展的同時，做好對風險的預測、判別與預防掌控。對企業而言，在人工智能的創新生態中加入倫理性研究，讓倫理成為技術信任的起點，讓技術與倫理互相支撐着發展，將風險控制在設計之初，應該是一種很好的應對方式。只有建立完善的人工智能倫

理規範，處理好機器與人的關係，才能更好地讓技術造福人類。倫理問題是大家討論得比較熱鬧的一個問題，包括霍金也擔心人工智能機器人今後會奴役人類。張勤在接受採訪時認為，真正的通用人工智能目前是一個不存在的問題。現在的人工智能算法都是人編寫好的，讓機器做什麼它就做什麼。它沒有主動性、創造性。即使機器人寫代碼，也不會寫出任何創造性算法，只是按照人類編寫的算法來寫，按照人類指定的學習方法來學習。所以要說倫理，歸根到底是創造出機器人的人本身的倫理，機器本身不能思考，它只能計算，至少是目前是這樣。那麼到了什麼時候，這個問題才有可能真正成為一個真命題，而不是個偽命題呢？至少是等到把人的大腦，或至少是生物的大腦、生物的神經元等搞清楚，而這些方面的研究現在還沒見到曙光。

周伯文還是國家新一代人工智能治理專業委員會的委員，他認為針對人工智能發展牽涉全人類福祉的問題，我們必須看到它的社會價值部分，而不僅僅是商業前景。因此在應對風險這方面，我們還需要全球化的共識與協作。2019 年 5 月 25 日，《人工智能北京共識》發佈，針對研發、使用和治理三個方面，提出了各個參與方應遵循的有益於人類命運共同體的 15 條原則。這些都為實現「善意 AI」提供了有效的基礎。

梅宏談到人工智能對人類倫理的挑戰時，舉了我們身邊的例子：在自動駕駛時，如果自動駕駛汽車出事故了，應該如何追責，是應該歸責於使用自動駕駛技術的人，或是應該歸責於使用自動駕駛技術的廠商，還是歸責於支持自動駕駛的人工智能技術？隨着人工智能技術的發展，的確會有新的倫理問題產生。再比如，我們在城市裏安裝攝像頭，通過攝像頭來檢測亂闖紅燈的行人就涉及個人隱私的問題。一方面，個人通過對隱私權的部分讓渡，換來了更加平安的社會，這種方式具有一定的社會價值（我國大城市的犯罪率大幅度下降，跟攝像頭的普遍安裝應該有緊密關係）。另一方面，政府必須對收集到的信息加強管理，不能被人濫用。以上問題的確涉及了人與人相處時原有的行為準則。

技術的發展會影響和改變人們原有的生活和交往方式，這是一個必然規律，是人類在發展過程中必然會遇到的。例如，互聯網技術就深刻改變了人們的生活和交往方式。人們應該客觀地看待這個問題，既不能因此而忌憚科技的發展，也不能任憑這些問題發生。我們應該積極推動相關法律、法規的研究和制定，將更多的問題及時地從「道德標準」的範疇過渡到「法制標準」的範疇。

至於所謂的「善意 AI」，這更多地取決於人們如何利用

AI 技術，把先進的 AI 技術應用於造福人類的領域。同時，應該推動相應的倫理準則或公約的制定，讓人們在發展或應用 AI 技術時有統一的規範。

邵洋則提出，AI 向善的一個很大的風險是它可能變成分裂人類的武器，它應該是普惠性的向善，而不是獨特性的向善。這種向善應該是所有人都能夠簡單地、低成本地獲取，而不能是被少數人壟斷的。如果開始出現兩極化的趨勢，比如未來有一批人可以獨享 AI，另一批人不可以，那麼這兩類人就會產生分歧。

所以 AI 首先應該能低成本獲取，邵洋預測這樣發展下去，人類應用 AI 會有一個很甜蜜的過程。在甜蜜期如果不能夠把它約束住，可能就會進入一個痛苦期。

6.4　2049 年，摩爾定律質變能否引發智能革命

人工智能的進步離不開計算能力，而幾十年來，計算機硬件的進步背後有一條金科玉律，即摩爾定律。摩爾定律表明：每隔 18~24 個月，集成電路上可容納的元器件數目便會增加一倍，芯片的性能也會隨之翻一番。

然而，摩爾定律指出的發展趨勢正在變緩，甚至接近極

限，芯片的性能遭遇了能效比瓶頸，不再遵循摩爾定律指出的指數提升規律。於是，人工智能領域不得不尋找新的創新路徑，開發如神經形態芯片、類腦芯片、光子芯片等，或基於現有技術以架構創新、算法優化等方式推動計算性能的提升。

那麼，未來 30 年，芯片的摩爾定律會徹底失效嗎？到時人工智能的基礎設施將出現哪些變化？中國是否將在新的智能硬件生態中立足和領先？帶着這樣的疑惑，新智元採訪了李世鵬、梅宏、張勤和王成錄四位專家。

李世鵬表示，30 年太久，真的很難預測會發生什麼。也許 10 年之後就有後代在問：什麼是摩爾定律？　30 年之後，我們所使用的硬件也許早就不是今天基於硅片的集成電路，也許是培育的生物計算機，也許是化學計算機，也許是量子計算機。人工智能的計算也許只是簡單的生化反應。中國在 30 年後能否在智能硬件生態中立足和領先，也許取決於現在我們在基礎研究（包括數學、物理、化學、生物、電子等方面）上有沒有足夠多的投資和人才培養。目前，企業和政府在人工智能技術和應用上已有大量投資，但深度學習在人工智能的發展歷程上也許只是曇花一現，且很快也注定會被其他技術所取代。我們需要思考的是，如果這一天真的到來，我們在哪裏，或者說我們想在哪裏。

　　梅宏認為，摩爾定律是一段時間內半導體行業發展歷史的統計規律。摩爾定律本身並不能反映半導體行業發展速率的內在動因。近年來，基礎物理領域的發展速度趨緩，半導體材料的利用率越來越趨近我們當前物理研究水平認知的上限。如果不能在物理尤其是量子物理領域獲得大的突破，那麼摩爾定律將有較大概率會失效。

　　當前，人工智能的基礎設施仍然主要依賴於傳統的大規模集成電路芯片。然而，隨着集成電路的工藝製程降低到10nm 以內，量子的干擾效應越來越明顯。在宏觀上就表現為芯片功耗的大幅度增加、錯誤率的控制越來越困難，這使得單一提高芯片的主頻已經變得極不經濟，設計難度也將越來越大。然而，伴隨着人類數據的不斷積累，需要人工智能算法學習的數據會越來越多，未來需要計算資源的場景也會越來越多，綜合的計算量也會越來越大。當前，人們主要依靠並行計算來應對這些計算需求，但同時，對於新型計算原理和新型計算芯片的研究也正在展開。例如，各國科學家對於量子芯片的研究都投入了不少力量。可以推測，在未來一定會有新的計算模型和計算芯片推出，這些新型產品可能是先專用，再逐步追求通用。

　　關於我國是否將在新的智能硬件生態中立足和領先，梅

宏認為必須以此為目標。按照目前我國的發展態勢，要實現民族復興，由大變強，成為科技強國，就要實現信息技術若干領域的領先。計算硬件資源是信息技術中不可缺少的重要部分，我國應該要追求其在生態上的引領地位。

張勤認為，從硬件方面來講，摩爾定律總有一天要失效，這是物理學的事情，有不確定性，還不能預測。本來早就預測它要失效了──因為一旦進入到電子衍射，光刻就分不清了，這個時候就應該要失效，但是新技術又突破了壁壘，所以說目前摩爾定律依然有效。摩爾定律只是解決了計算機的計算能力問題，它反映在計算能力上就是把算法固化到芯片裏面，用硬件來代替計算機 CPU 進行計算。但是不能認為所有的 AI 問題都可以通過芯片的改進解決。

王成錄表示，他對未來 10 年摩爾定律的有效性持樂觀的態度，認為還會這樣發展下去，因為整個人類的創造力、科技的進步、材料學的進步、工藝的進步和產業的投入等，會解決我們現在看來很難解決的問題。

未來 30 年，我國的軟硬件生態能不能在世界上領先？王成錄是這麼說的：讓我們看看人類利用能源的歷史，人類在幾十年前就擔心石油用完了人類就沒有能源可用了，但事實並不是這樣。隨着人類科技的進步，不斷有新的石油礦藏被探測

到，原來我們無法利用的能源也能利用起來，比如頁巖氣、可燃冰等。摩爾定律也是一樣，從 7nm 到 5nm、3nm，再到 3D 工藝製程的成熟，他認為沿着這條路走仍然會持續進步。

王成錄認為，我國在人工智能相關領域中，不應太浮躁。他說：現階段我國 ICT 領域的創新大部分都集中在應用層面，這不是說不對，在應用層面我國已經領先世界上其他所有國家，這是非常棒的事情。

但是同時，我國在基礎技術上的投入是嚴重不足的。例如，在最核心的四類基礎軟件上，我國乏善可陳。第一個是操作系統，第二個是數據庫，第三個是編譯器，第四個是編程語言。這樣我國很難真正擁有自己的軟件生態，因為生產工具是別人的，生產原材料是別人的，我們等於只是做了一個組裝，那麼當人家的工具一變或者工具不發展了，我們就得學着使用新工具。軟件這個領域，我國的產業界、學術界的人才要聚集起來，把這個底座打好。我們一旦有了自己的操作系統，有了自己的數據庫，有了自己的編譯器和編程語言，整個軟件的生產資料、生產工具就全都是我們的，這個時候才能說真正有了發展長久生態的基礎，否則就是天天移植別人的生態，把我們大部分的寶貴人力都耗費在這種移植的工作上。

王成錄表示，硬件生態方面，華為的海思應該是走在了前面。這是最難的一條路，但這條路一旦走通了，就會是我們未來健康發展的永久基礎。我國要想在未來人工智能領域有一席之地、在服務中國產業的同時引領世界的發展，一定要加強這方面的投入，因為它帶來的將是長久競爭力的提升。

6.5　2049 年，通用人工智能能否突破或加速來臨

當前人工智能領域取得的突破，大多是在特定領域的特定任務上的突破，如 AlphaGo 在圍棋比賽中戰勝人類冠軍，人工智能程序在大規模圖像識別任務中超越了人類的水平，人工智能系統診斷皮膚癌達到專業醫生水平等。可以說，在局部智能水平的單項測試中，人工智能可以超越人類智能。

但通用人工智能尚處於起步階段。通用人工智能也被稱為「強人工智能」，是指達到人類水平的、能夠自適應地應對外界環境挑戰的、具有自我意識的人工智能。人的大腦是一個通用的智能系統，能舉一反三、融會貫通，可進行判斷、推理、學習、思考、規劃、設計等，可謂「一腦萬用」。真正意義上完備的人工智能系統應該是一個通用的智能系統。因此，在通用人工智能的實現上，我們還有很長的路要走。

那麼，到 2049 年，我們是否將離通用人工智能更近？實現通用人工智能需要在哪些科學領域有所突破？通往通用人工智能之路最重要的是什麼？帶着這些問題，新智元採訪了多位專家，他們都提出了自己的見解。

史忠植在 2013 年獲得吳文俊人工智能科學技術成就獎時，就提出了所謂的智能科學發展路線圖，到 2050 年，智能科學有望發展出神經形態計算機，實現超腦計算。未來，通過納米技術將可以製造出模擬神經形態的芯片，該芯片具有心智計算能力，從而可實現通用人工智能。

目前的人工智能系統基本上是解決某一個問題，將來我們還是希望有一個所謂的通用人工智能系統，像人腦那樣可以根據需要、根據不同的目的，用同樣的一整套系統解決問題，就像人腦使我們既可以做數學家，也可以做化學家、物理學家。

「強人工智能」到 2049 年能不能被研究出來，難以預料。在通往這個目標的道路上，會面臨很多難以克服的困難和挑戰。孫茂松認為，這取決於若干重要因素。

第一，腦科學會有什麼突破，腦科學的研究能否給人工智能帶來足夠多的啟示。雖然歷史上人工智能的發展從腦科學中受益有限，但強人工智能的研究依賴腦科學的研究成果，則是毫無疑問的。

第二，不管強人工智能的發展需要依賴多少支持條件，其中有一個條件是絕對離不開的，這就是需要形式化的人類知識體系作為支持。但很可惜，這個知識體系目前並不存在。雖然已經有號稱規模巨大的知識圖譜，但稍加考察就會發現，它所包含的知識，無論是在廣度上還是在深度上，都還是比較膚淺的。沒有形式化的人類知識體系，機器推理就難以實現，人工智能的可解釋性和健壯性都無從談起。而要建成這個知識體系，需要有深遠眼光和大格局的學者，帶領一批人，進行持之以恆的資源建設工作。同時，需要相當長期的、穩定的經費投入，才有做出來的可能（也存在着做不出來的風險）。但非常可惜，很多國家的政府都不太願意支持這種長周期、帶有一定風險性的資源建設工作。

第三，要看有沒有更具創意的算法，能夠把上述重要因素更有效地融合起來。

孫茂松強調，目前來看，我們應該先集中力量研究、解決這些比較現實的科學問題，然後才有條件討論強人工智能的問題。否則，坐而論道，未免流於空談。

可以設想，如果有朝一日「強人工智能」真的研究出來了，機器智能就真的有可能超越人類智能，這將是世界進化史上的一個斷代式的質變。孫茂松不相信這種質變會來得這麼容

易，這應該是一個很漫長的過程。所以，他認為到 2049 年，還不太可能出現強人工智能。

劉知遠認為，人工智能的發展是一個漸變的過程，計算機不一定能全面超越人類。現在，計算機在一個專項（比如圍棋）上可以做得更好、更快、更有力，但對於像人類一樣的通用智能，他表示並不樂觀。

劉知遠表示，技術進步永遠在發生。一開始，computer 這個詞不是指計算機，而是指專門做計算的人。現在，有了計算機，這個行業就消失了。他的感覺是技術本身沒有偏好。一個工種的消失，從整個人類的發展進程來看，是人類不斷從機械勞動中被解放出來的結果。掃地機器人把人類從掃地中解放出來，搜索引擎讓我們可以不去圖書館找書了，Excel 幫助我們從事統計工作。計算機把人類從機械的勞動中解放出來，讓人類可以去做對得起「智能」這個詞的事情。它確實會導致一些人失業，但也會創造新的就業機會。那為什麼不能是更多的人去學習 AI，去學怎麼造更智能的計算機呢？這個問題其實是可以通過政府和社會來調配的。劉知遠覺得 AI 是沒有任何情感和意識的系統，可以帶來更多的公正和平衡。

例如，法律上有不少同案不同判的問題。在不同的地

方，判決結果會有偏差，這就是人類做法官不可避免的問題。如果我們有了全國統一的法官計算機助手，統一處理，就有希望實現更公平的判決。同樣，在醫療領域，很多小地方十分缺醫生。醫生沒有積累太多的病例，經驗不足，所以患者都到大城市看病，這就會導致看病難。那麼，如果有了醫生計算機助手，人們就能更好地解決健康問題。劉知遠認為技術沒有先天性的好或者壞，完全看人類怎麼用它。

李世鵬對通用人工智能的態度並不積極，他提出了質疑：2049 年，通用人工智能也許會到來，但可能不是以我們想像的方式。也許體現為其他的生物技術或者混合技術。我們需要思考的是，我們想不想用。你賦予了一個人造生物體或者混合體以人類的智能，你敢用它嗎？或者說，你敢製造這樣一個東西嗎？通往通用人工智能的路上，最關鍵的不是技術，而是其他有關的社會問題。

梅宏表示，要回答 2049 年我們是否能靠近「通用人工智能」這個問題，首先要搞清楚所謂的「通用人工智能」指什麼。「通用人工智能」這個詞目前沒有明確的科學定義。如果僅僅是指某種智能裝置能夠完成多種任務，那麼這是可能的，目前已經有很多這方面的科研努力，例如，在進行人臉識別的同時進行語音識別。如果是指「全面達到人類智能水

平」，那麼就是「強人工智能」的概念，但這並不是現在主流人工智能學術界研究的目標。

　　人工智能要實現像人類一樣的智力水平，我們還有很長很長的路要走，至少到目前為止，這還只是人們的美好想像，大多存在於科幻小說中。梅宏認為今天的科學家們還沒有能力為這樣一個「美好想像」規劃一條科學的道路。如果問他通往這個美好想像的道路上最重要的是什麼，他覺得應該是嚴格遵守「實事求是，扎扎實實，走好每一步」的科學精神。同時，他也認為，在通往這個想像的路上，我們還必須遵守科研倫理，牢牢記住科技要以人為本的基本目標。

6.6　2049 年，萬物互聯能否構建 AI 新世界

　　近幾年，計算能力等方面技術的爆發帶動了邊緣計算和物聯網的應用，阿里巴巴、華為、小米、地平線等企業紛紛把 AIoT 作為下一個戰略賽道，萬物互聯時代正在開啟，傳統製造業迎來智能改造升級的歷史機遇。

　　華為 2018 年發佈的《GIV 2025：打開智能世界產業版圖》白皮書中指出，基於 ICT 網絡、以人工智能為引擎的第四次技術革命正將我們帶入一個萬物感知、萬物互聯、萬物智能

的智能世界。到 2025 年，全球設備與物的連接數量將達 1 000 億，企業對 AI 的利用率將達 86%，可以創造 23 萬億美元規模的數字經濟。

AI 將對中國社會、經濟及各行各業帶來哪些改變？

AI 技術的應用對我國產業結構的調整和改革具有積極的推動作用。在梅宏看來，對於當今中國，AI 更多是作為一種「產業賦能」的工具，而不只是一種生產模式上的變化。中國目前正處在調整產業結構、促進供給側改革的重要時期，AI 技術的應用將有助於多個行業進行生產模式的改造，有助於高能耗、落後產能的淘汰，有助於高效率、低能耗、環保型新技術、新工藝的推廣和應用。

馬雲在 2018 年世界智能大會上曾表示：過去一兩百年，人類通過各種技術對世界的了解越來越多，而未來的兩百年，人類將通過各種技術來了解內心。不能把智能時代看作原來知識時代的延伸，世界到現在為止還只處於智能時代的前夜，很多技術在未來 5~10 年還會發生天翻地覆的變化。比如今天 IoT 是幼兒，但其未來的變革將超出想像力。

那麼，30 年後，萬物互聯的 AI 新世界會是怎樣的？邵洋分享了他的看法。

邵洋最認可的改變是交互：「我們認為交互這件事情是沒

有傷害的，它只會帶來方便。現在，大多數有用的機器都是去延展人的身體。比如車、飛機，這些都是去延展人的身體，使人的身體可以變得更強，但是它們沒有代替人的腦。萬物互聯就是這樣，我們可以把自己的身體延展。我離這個冰箱很遠，我可以讓冰箱工作，這就是延展。」

但是萬物互聯後有億萬台設備要聯網，而這些數據是無法一下子傳到人腦中的，我們的大腦也處理不了，勢必要傳到雲上。

邵洋針對此場景構想了解決方案：「並非新增了億萬台設備，而是這些設備本來就在我們身邊，人類原來能夠通過物理性操作來解決的問題，將來可以通過指令性的數據來解決。人均 1 000 個連接並不可怕，人腦不一定無法處理。」

在專訪中，我們還討論了智慧城市和未來戰爭的場景：未來城市裏有很多攝像頭、自動駕駛的汽車、社區裏的控制中心，這些是否會以機器智能為主控？未來戰爭場景中，如果 AI 不能及時針對特定場景去做決策，可能會有很大問題。

邵洋傾向於反對機器智能，在他看來：「所有的機器智能後面必須有人，如果有一台設備申請不經過人的指令而工作，那麼這個終端一定要經過特殊的審批，原則上不允許出現沒有人的指令就自己行動的設備。」

「拿美國的現代戰爭來說，所有導彈發射的背後其實都是有人的，和打遊戲一樣，可以根據當地的環境決定要不要發射導彈，其實這還是一種延展。這種戰爭屬於勉強可接受的邊緣。因為『造成傷害』這個指令畢竟是由人發出的，我們至少可以通過對人的約束來進行管制。但如果在沒有任何人可以管制的情況下，AI 就可以去殺人，這就很可怕了。」

「AI 現在太脆弱了，但其實這是在保護 AI。現在 AI 第一步聚焦到交互上已經是很大的一個進步。先不要着急替代人腦。」

梅宏暢想的未來萬物互聯的 AI 新世界具有以下幾個特徵：在人們的生活中，依靠手動獲取的信息會越來越少，取而代之的是各種傳感器和 AI 算法；在生產活動中，AI 與物聯網技術的應用，可以使生產與需求之間的關係更加緊密。

他為我們描述了這樣一個未來場景：氣候的突變可能會導致人們生病，人們隨身攜帶的傳感器能夠及時探測到體溫、心率等生命體徵的變化，這些數據可以被及時地傳遞到健康中心或綁定到醫院。在人們就醫之前，AI 算法會根據大數據的統計結果，告知藥品供應部門在相應的區域提前準備相應的藥品，同時，人們的健康檢測數據在送達醫院前，會先經過人工智能程序的分診篩選，並被送至相應的醫生處。醫生會在人工智能程序的輔助下，根據個體的不同情況，開

出相應的藥方，同時把更加精確的、個性化的藥品需求數據自動送達生產廠商處。藥品的生產也會在智能機器人的操作下在無菌的環境中完成，藥品再經過自動物流系統使用無人機或無人車自動送到人們的手中。這就是精準個性化醫療的一種可能場景。

其實，在這個例子中很多環節正在甚至已經變為現實。在未來世界中，「人機物」廣泛連接、融合，將會給人們帶來什麼樣的體驗？這其中可想像的空間是巨大的。

「30年後所有我們能接觸到的物體和環境都是有感覺的、智能的。你所到之處，都有一個貼心的人工智能打造的專家幫助你。你所有的問題，它都能解決。當然，在你不需要它的時候，它就安靜地走開或者幫你打造一個絕對私密的環境。它守護着你的個人數據不被侵犯，維護着你的正當權益。」這是李世鵬為我們描繪的30年後世界的樣子。

接受新智元採訪時，李世鵬還指出：這個場景下最難想像的是人這個時候能做什麼，會不會像城市人口被剝奪了種地等體力勞動後，經常去健身房一樣，人類是否也需要經常去「腦力健身房」磨煉一下自己的思維和智力，以防所依靠的萬物互聯的基礎設施出問題後，人類不知道該如何自救。這些問題還需要我們進一步思考。

人工智能先驅、未來學家雷·庫茲韋爾（Ray Kurzweil）曾預言：到 2030 年，計算機智能將趕上人類；2045 年，人工智能會掌管全球科技發展。人工智能的爆炸式發展會成為現實嗎？

周伯文認為，達到萬物互聯的 AI 新世界需要經歷三個變革。

第一，從數字化到智能化。在過去一段時期，數字化取得了很大進展，但如果想更進一步，需要在數字化基礎上進一步智能化，更加快速地做出更優決策。

第二，從孤立發展到整合規劃。整合規劃包含三個層面：信息整合、全局優化和人才聚合。AlphaGo 的成功就是一個信息、優化、學習全過程整合發展的例子。在信息整合方面，AlphaGo 下棋遊戲中的兩個玩家都有完整的信息，而今天城市中的信息是孤立分割的。在全局優化方面，AlphaGo 贏得棋局不是靠走對一步，而是要走對一系列步驟，這就需要每一步都結合相關的一系列決策過程來進行優化。人才聚合方面，實質就是要整合政策制定者、決策者，數字科技專家、人工智能專家以及行業專家，共同推動智慧社會的發展。

第三，從以流程為中心的管理到以人為核心的服務。人是社會的核心要素，每個人又包含了物理世界、數字世界和人

類世界三重屬性。以人為本的物理世界是可持續的、穩定發展的；數字世界的以人為本則可以讓信息流動與共享更加便捷，消除信息不對稱；在人類世界裏，以人為本可以讓人類合作更加高效。而 AI 正是連接物理世界、數字世界和人類世界的基礎技術。

　　我們不妨先來看看當下人工智能已經產生的一些改變。周伯文說，2019 年他在夏季達沃斯論壇上就 5G 與 AI 發展的主題做了一個演講：5G 跟 AI 結合在一起會產生一大批新的機會。比如說 5G 具有覆蓋廣的特點，可以在 1 平方千米範圍內覆蓋 100 萬台設備，那就意味着將來所有的設備都可以進行互聯，這種互聯產生的效應將是非常巨大的。舉一個簡單的例子，從社會價值上看，5G 的部署能夠使各個國家和地區之間更加平等。特別是在醫療領域將帶來更多機會，我國醫療資源配備有些失衡，通常水平非常高的外科醫生都集中在發達城市和地區，偏遠地區則很少有這樣的醫生。2019 年，在我國海南已經成功實施了第一例基於 5G 的精準醫療手術，基於 5G「超低時延」的特點，讓著名外科醫生遠程控制機械手臂成功完成了第一例遠程手術。

　　面對 AI 可能帶來的巨大潛力，我國也積極投入到這一產業浪潮之中。目前我國已有多項技術處於世界領先水平，人工

智能產業化應用也迎來了蓬勃發展的局面。這些發展帶來的產品和服務創新等變化直接推動了經濟上升，這無疑加快了國內正在進行的供給側結構性改革和產業結構升級。

6.7　2049 年，中國人工智能能否展翼騰飛

人工智能在最近幾年裏經歷了井噴式的發展。在 2017 年、2018 年和 2019 年連續三年的政府工作報告中，均出現了「人工智能」，這體現了政府把人工智能上升到國家戰略的決心，也為人工智能的高速發展奠定了基礎。

近年來，中國在人工智能領域大步向前。2018 年 7 月，清華大學中國科技政策研究中心發佈《中國人工智能發展報告 2018》。報告指出，中國在人工智能論文總量和高被引論文數量、人工智能專利申請數量上都排在世界第一。專利上，中國已經成為全球人工智能專利申請數量最多的國家；產業上，中國的人工智能企業數量排在全球第二，北京成為全球人工智能企業最集中的城市；風險投資上，中國在人工智能領域的投融資佔到了全球的 60%，成為全球在人工智能領域最「吸金」的國家。

那麼，在未來的 30 年中，中國將在哪些領域／行業取得

最大的突破？大家又最期望看到人工智能在哪些領域／行業取得最大的突破？

對此，新智元在 2019 年華為 CBG 開發者大會期間採訪了王成錄。在王成錄看來，人工智能在三個領域有巨大機會：第一是工業製造，第二是教育，第三是醫療健康。

王成錄分析：我國在傳統工業製造中有一個非常大的問題，就是高精尖製造工藝總是不太過關。比如航空發動機的製造，我們國家的航空發動機壽命不如歐美發動機，很大原因是生產工藝不過關。有了 AI 賦能以後，利用好反饋閉環的機制，就會把一些成功的加工工藝過程固化下來，用於後續生產工藝中。以華為手機的自動生產線為例，手機屏幕越大，對製造工藝要求越高，因為手機屏幕所受壓力不同，顯示色彩的一致性就有很大問題。我們通過機械手的壓力反饋，根據每塊屏的參數，自適應調整機械手按壓壓力，這樣才能保證生產線產出的手機屏色彩顯示的一致性，這個工藝過程僅靠人工實現是非常難的。大量的生產數據積累下來以後，就可以去訓練機器，找出最優的生產路徑和最佳的生產工藝參數。AI 賦能傳統工業和製造工藝能讓傳統的製造業質量、效率大幅提升，進一步發展就能夠做到生產製造的個性化。

在教育領域，AI 同樣會發揮巨大作用。每個人的潛力在

出生時都是差不多的，為什麼人在成長過程中，彼此差異會逐步變大呢？這是因為人的經歷不一樣。因材施教一直是教育追求的目標之一，AI 完全可以幫助達成這個目標。AI 賦能的教育系統，可以記錄、積累學生的學習過程和效果的全量數據，可以很好地識別學生對知識點掌握的情況，然後有針對性地佈置作業。可以有針對性地加強每個學生個人的知識薄弱點，真正做到個性化教學，實現因材施教的目標。

在醫療健康領域，AI 應用也有巨大潛力。王成錄相信在不遠的將來，人均壽命會大幅提升，每個人有機會健康地活一百歲。在現有的醫療條件下，某些疾病一般到了中晚期，患者才有症狀，才會去醫院檢查，失去了最佳治療時機，成本和代價也非常高。隨着傳感器技術的發展和普及，人體各項生理指標數據將可以被大量、方便地採集，通過對這些數據的分析和學習，完全可以及早發現人體的不良變化傾向，做到防患於未然。

比如可以放在馬桶中的傳感器，能採集人體排泄物裏面的信息，通過分析菌落變化，可以了解人的消化系統的變化情況。通過排泄物成分分析，有可能在非常早期就會發現直腸癌的徵兆。類似這種監測、傳感、收集得來的人體信息會越來越多，這些信息對診斷人的身體狀況非常有價值。逐步沉澱建

模，再把最優秀醫生群體的醫療經驗建模，兩者結合，可以大幅提升診療效果。

周伯文認為，人工智能會率先在與廣大人民群眾息息相關的領域（如零售、醫療、城市服務等）有所突破。同時，人工智能也會與實體經濟相結合，拓展「智能＋」，為製造業轉型升級助力，推動製造業高質量發展，推動傳統產業升級改造，強化工業基礎和技術創新能力。隨着實現中華民族偉大復興的中國夢新征程的不斷向前，我們當然希望祖國在各行各業都能取得顯著突破。

梅宏表示，作為一名科技工作者，從科技研發的角度，最希望我們能夠在基礎研究領域取得突破，特別是原創性的成果。任何 AI 的應用創新都依託於基礎模型和創新方法，甚至依託於數學、統計學等基礎研究領域的創新。當前，在 AI 基礎研究領域，我們的科學家已經取得了不少研究點上的突破，但是，要想在 AI 基礎研究領域領先和起主導作用，還任重道遠！從當前我國學者每年發表的學術論文的情況可以觀察到這一現象。我國每年發表的論文數量不少，但應用型論文較多，基礎研究類論文較少，其中重要的原創性成果更少。這與我國 AI 技術的發展現狀基本是吻合的，我們的 AI 應用走在了基礎研究的前面。梅宏衷心希望在未來的 30 年中，我

國的科學家能夠在 AI 領域做出更多更有影響力的基礎理論創新工作。

張越在接受新智元採訪時表示，最希望看到的是我國在軍事方面取得重大突破：「因為我希望我們的國家強大，而軍事是它的外殼。我希望看到的是軍事、航天、人腦開發等領域的發展。當然也有很溫暖的，比如說，人工智能是不是可以代替保姆、代替護士等，但人和人之間的溫度還是不應該被替代。所以我更希望人工智能是一種往外延伸的力量，而人和人之間的交往，是挺美好的東西，不該被替代。」

「回想 2008 年，剛剛辦完奧運會，過去這十幾年，我最能感受到的是 4G 的應用，可以隨時隨地瀏覽網頁，看視頻，從而誕生了今日頭條、抖音等移動互聯網的應用。」對新智元回顧了一下過去之後，劉知遠說，「未來 10 年，你也會很難想像。比如，5G 誕生了，未來會出現更好的物聯網解決方案，上網速度會更快，這就會支持很多充滿奇思妙想的新應用的出現，類似 VR/AR。在過去很難實現大量數據的實時傳輸，這個問題如果得以解決，就會有很多意想不到的事情發生。未來 10 年，有了 5G，有了深度學習的進一步發展，智能的信息獲取能力也會有很多潛移默化的提升。類似自然交互的功能，個性化助手等產品都會相繼出現。」

劉知遠說：「2012 年，谷歌提出知識圖譜的概念，旨在實現更智能的搜索引擎。歷經 7 年的發展，至 2019 年，大部分搜索引擎都已支持相關功能。未來，更多的搜索需求會被解決，慢慢會有量變，但 10 年後是否會有質變還說不定，但單從自然語言處理和知識圖譜來看，過去 10 年的進步是很真實的，未來 10 年不一定能獲得質變，但會有很大的量變產生，我很看好這個方向的發展。」

6.8　2049 年，AI 能否部分取代人類工作

所有技術革命都會對人類崗位產生衝擊，人工智能更是如此。「AI 會取代人類的哪些工作」也成為熱議的話題。李開復曾預言：未來 10 年，50％的工作會被 AI 取代。馬雲也表示：在數據時代，30 年以後，全世界最優秀的 CEO 將是一個機器人。

早在 2015 年，BBC 就發表過一篇題為《智能機器：哪些工作會先被機器人「偷走」》（*Intelligent Machines: The Jobs Robots Will Steal First*）的文章，其中就寫道：波士頓諮詢公司預測，到 2025 年，多達四分之一的工作崗位將被智能軟件系統或機器人取代。除了從事重複性工作的辦公室工作人員，

還有一些崗位容易被機器取代，比如說出租車司機、工廠工人、新聞記者、醫師等。

「人工智能當下或者未來會取代很多人的工作，尤其是普通人的工作。實際上，我們在工作當中也會看到，有一些人的能力不上不下，工作成果不好不壞。不管在哪個行業，像這些處於中間的人都有可能被人工智能替代。但是真正處於頂層的人，是不會被替代的。」張越在接受新智元採訪時說道，「比如我們在《機智過人》欄目裏看到的 AI 紋樣設計師，第一輪的時候，它跟一些普通大學生去比拼，明顯人工智能作品的水平比大學生的高一些。所以，如果你只是一個大學畢業生的水平，那可能就會被替代。但是真正由人的靈感激發的、大師級的、具有獨特風格和創造力的東西就很難被替代。如果一個人可以通過自我挑戰衍生出新的風格來，他的發展也會是無限的。但如果只是模仿，只是完成一項重複性的工作，則有可能被替代。」

張勤表示，在某些方面 AI 確實會取代人類工作，但是目前說完全取代還不現實，應該是屬於一個輔助的階段，而一旦要輔助，就要具備可解釋性，那麼最後決策還是要由人來做。另外，任何技術進步都會帶來新的工作機會，比如有了計算機就有了軟件開發人員的工作。而現在 AI 時代來臨則為

三四線城市人員帶來了數據標註類的工作機會。

　　孫茂松也同意，有一點是確定無疑的，即再經過 30 年的發展，人工智能的研究水平肯定會越來越高、應用範圍會越來越廣泛。到那個時候，現有的一些常規性智能工作應該會被機器取代，人們可能會「被轉行」從事更能體現高智能特徵的工作。不過，也可能有一個很誘人的前景，即在人工智能的強力幫助下，人類生存所需的各種物質條件比較容易被生產出來，人類不需要工作那麼長時間了，例如，每周只需要工作 3 天，每天工作 4 小時，從而得以有更多的時間享受美好的生活。

　　對於近幾年火熱的無人駕駛，作為從業者，吳甘沙在接受新智元採訪時談了自己的看法。他認為，無人駕駛確實會消滅一些工作，但它也會創造一些工作。消滅的工作是什麼呢？比如職業司機。我國有大約幾千萬個大貨車、幹線物流的司機，在北京可能有幾十萬個職業出租車司機，可能還有幾十萬個開網約車的司機。然後就是快遞和外賣，估計全國有幾百萬人吧。這些人的工作就會受到影響。但是從長遠來說，這是一個社會必然趨勢，就是那些重複性的體力勞動其實應該由機器來做。應該由機器工作，由人來思考。人應該去做一些更有價值的事情。所以機器取代部分的人類工作是社會發展的必

然。從整個社會來看，我們在未來要準備好接受這個事實。此時我們可能需要一些職業教育、社會的福利，現在有一個非常火的詞叫作全民的基本收入（Universal Basic Income，UBI），在這些方面打好基礎。之後一方面進行再教育，通過培訓，讓他們去做其他的更有意義的事情；另一方面，由 UBI 來確保未來機器人大量取代人類工作以後，機器人交稅養普通人。另外，無人駕駛也會創造一些新的工作機會。無人駕駛未來的大方向就是讓道路上的車成為家庭和辦公室之外的第三空間，那麼在路上就會多出很多要獲得服務的場景。比如，某個人沒時間鍛煉，但車在路上跑的時候他可以在車上的跑步機上跑。再比如，在路上可以體檢，可以吃飯，商業場景就更加豐富了。其實我們現在一天在路上要浪費幾十億小時，如果這幾十億小時都變成商業場景，就會多出很多對第三產業的服務性職位的需求。從社會學研究的角度來看，服務是不適合機器做的，因為大家還是需要活生生的有血有肉的人來交流，來提供服務，而不希望是冷冰冰的假的機器人。所以服務行業又會創造一些新的工作機會。

把人類自身從簡單勞動中解放出來以獲得更多的自由，始終是人類奮鬥和發展的目標，這個目標在人類發展的過程中始終存在。回顧人類的發展史，也一直是朝着這個方向在努

力。人工智能作為一種新的工具，也發揮着同樣的作用。對於 AI 會取代哪些人類工作，梅宏的看法如下。

在未來，越來越多機械的、重複的、低創造性的工作成分會被機器／人工智能替代，這也符合人類歷史發展的客觀規律。伴隨着人工智能技術的發展，我們能看到一些類似的例子和趨勢。例如，隨着機器翻譯的升級，很多原本需要人類翻譯的工作被人工智能所代替，比如有了人工智能翻譯機，人們出去旅遊就可以不用或者少用翻譯員，有了同聲傳譯系統，在很多國際會議的場合，人們就可以不用或者少用同聲傳譯員；隨着自然語言處理技術的發展，很多客服系統開始部分地採用智能客服系統代替接線員來回答人們的問題；在快遞或信件的分揀系統中，有了人工智能程序和機器人，人們就可以不用或少用分揀員；等等。類似的場景會越來越多。而未來一些更具挑戰性的工作，如輔助駕駛、醫療診斷、兒童看護等任務，也會逐漸成為人工智能的應用場景。需要強調的是，人工智能技術替代的只能是那些機械的、重複的、低創造性的工作。

同時，人工智能的發展會激發人們更多的需求，這些新的需求也會帶來更多新的工作崗位。例如，近年來已有不少「人工智能設計師」面世，它們能夠替代或者輔助人類設計師設計出一些商品宣傳圖片，用於網絡商品的宣傳。從表面上

看，一部分設計師的工作被人工智能替代了，但是同樣也給設計師留出了更多的時間和精力，可以進行真正需要更多創意設計的工作，這反而解放了他們，讓他們可以充分發揮人類的創造力和想像力。

談到未來的人才培養和儲備，梅宏表示，我們未來的工作分工將更加貼近於人類本身的愛好和專長，因為在未來，越來越多重複性勞動會被人工智能所取代，這就要求人們在為未來的工作做準備的時候，更多地考慮自身的愛好和專長，更多地考慮自身的創造力所在，因為在自己喜愛的領域更加容易展現人類所特有的創造力。這就要求我們的教育方式也要隨之發生改變，不宜再按照統一的模式培養「千篇一律」的人才。在教育中，我們必須更加注重因材施教，更加注重個性的張揚和特長的發揮，培養符合個性、樂於創新的人才。

在接受新智元採訪時，周伯文也表達了類似的觀點：可以預見，在未來，人工智能必將在一些領域取代人類的工作。首先就是在基層勞動方面，機器將逐步把人類從低創造性的、機械的勞動中解放出來。在最近 10 年內，雖然在科技發展的幫助下，我們已經做到了藉助多種技術手段來提高效率，但仍然要依賴人工。而隨着人工智能技術的不斷發展，這些崗位最終將被機器人取代。而這種「解放」也將不斷刺激着

生產力的提高。人們將獲得更多思考的時間，用於學習和創造新的、能代表更高生產力的技能。這也將在未來成為推動經濟迅猛發展的一個爆點。

此外，在需要高精尖技術的一些領域，如精密醫療、精密儀器製造等，機器由於不受情緒、身體狀態、手動誤差等條件的影響，表現出比人類更精準的操作。當操作更精準時，不合格率會隨之降低，可能出現的風險也會隨之降低。所以當技術足夠成熟，機器必然會逐步取代人類工作。

但新機遇背後也有新風險。現在很多人都在擔憂，當智能機器人在未來大量取代人類工作時會引發大規模失業。但周伯文認為，如果規劃足夠合理，因機器人從事低創造性勞動而帶來的失業反而可以促進發展。

為了達到這個目標，需要的或許是多層級、多形式的教育。我們可以從三個維度來探討這個問題。首先對於高端人才的培養，主要還是要靠高校。現在高校輸出的人才量是遠遠不夠的，人才儲備是制約發展的大問題。根據高盛發佈的《全球人工智能產業分佈》報告，在 2017 年全球新興人工智能項目中，中國佔據 51%，但人工智能人才儲備方面，中國卻只佔 5%。預計到 2030 年，中國人工智能人才缺口將超 500 萬人。

　　頂尖人工智能科學家的缺乏、產業人才大軍的缺乏、意識氛圍的缺乏讓人工智能人才培養已刻不容緩。近幾年，在國家戰略的影響下，國內部分高校開設了人工智能學院，設立了相關專業，安排了相關課程，以便更好地適應行業發展帶來的巨大變化。與此同時，人工智能人才梯隊建設也在下移。人工智能、物聯網、大數據處理等內容正式進入了全國高中「新課標」。

　　積極探索「產學研」結合之路是我們探索人才培養方式的第二個維度。企業應有更多社會責任感，打造人才培養實踐平台，為加強各學科與人工智能的交叉融合打造複合型人才做出貢獻。比如，京東針對技術人才製訂了完備的培養計劃；針對綜合性 AI 人才進階，則幫助其在管理、產品、技術、運營等多種崗位進行複合型提升。京東 AI 打造的「葡萄樹計劃」將助力學術界人才培養，支持和鼓勵高素質的 AI 領域研究人才通過合作或者直接加入京東 AI 團隊。同時，京東 AI 與斯坦福大學、香港中文大學（深圳）建立了聯合實驗室，還在南大人工智能學院簽約落成實訓基地，積極探索與著名高校的多種合作模式。周伯文認為，在社會教育上也可以有所拓展。對已走上工作崗位的人群進行培訓，讓他們可以與時代接軌，跟上人工智能發展的步伐，謀求更好的發展。

「2049 年，很難想像什麼工作人工智能不能取代。」李世鵬認為，基礎研究、基礎製造的研究和人才培養是關鍵，而不是今天趨利的短視做法。2049 年還太遙遠，還看不到任何一個國家比其他國家有更優越的機會，但不重視基礎研究和基礎製造一定沒有機會。

6.9　2049 年，人工智能助力中華民族偉大復興

改革開放 40 多年來，我國發生了翻天覆地的變化。我國從「大國」發展到「富國」再到「強國」，離不開科技的創新和發展。

人工智能代表一個國家、一個民族未來的全球競爭力，影響到未來 10 年到 20 年整個社會的生產和生活方式，是機遇，也是挑戰。

2049 年正是中華人民共和國成立 100 周年，與此同時，人工智能的發展也將走過近百年光陰，那麼，人工智能會在中華民族偉大復興之路上扮演怎樣的角色呢？

帶着這一世紀之問，新智元採訪了華為的兩位高管。

在王成錄看來，人工智能最大的作用是釋放人的潛力，比如把一些重複性的工作替代掉，那麼這些勞動力節省出來可

以幹更有價值的事情。

人工智能會讓我國整體的創造力得到充分釋放。中國人勤勞聰明，如果有更多的人從低水平重複的事情中解放出來，會釋放出難以想像的巨大潛力。比如，我們把高速公路收費員的工作用 ETC 來替換掉，釋放出來的收費員就可以把高速公路的服務區經營得更好，這樣駕駛員和乘客就有機會獲得更優質的高速服務區服務體驗。人的體驗提升了，新的工作又產生了。

邵洋認為，AI 是一個極大提升人的效率的工具，它可以全面地在經濟、國防等各個領域起作用。如果中國發展好了 AI，用好了 AI，並在用好的基礎上加速了 AI 的發展，那麼到了 2049 年一定會成為 AI 技術以及應用最領先的國家。

如果這個良性發展能夠保持數十年，它就一定會成功，但是在這個過程中可能會面臨各種挑戰。但只要中國穩定發展下去，AI 技術一定是最好的輔助。AI 技術會在中國的復興之路上，成為大國之重器，成為強大的引擎，也將是科技競爭的主領域。

在李世鵬看來，人工智能的很多方面，尤其是一些探索性的未來方向，世界各國差不多都在同一個起跑線上。如果我們能抓住機會，人工智能就會在中華民族偉大復興之路上扮演

重要的角色。《新一代人工智能發展規劃》只規劃到 2030 年，對以後的規劃應更早和更有前瞻性。

回顧歷史的發展，梅宏表示，人工智能技術的發展始終處於人類信息化發展的大背景下，迄今為止，世界信息化發展大體分為 3 個階段。從第一台電子計算機出現到 20 世紀 90 年代中期，信息化表現為以單機應用為主要特徵的數字化階段（信息化 1.0）。從 20 世紀 90 年代中期開始，以美國提出「信息高速公路」建設計劃為重要標誌，互聯網開始了其大規模商用進程，進入了以互聯網應用為主要特徵的網絡化階段（信息化 2.0）。當前，信息化的第三個階段正在開啟，可概括為以數據的深度挖掘和融合應用為主要特徵的智能化階段（信息化 3.0），在這一階段中，人工智能作為滿足人類智能化需求的重要工具，將會發揮巨大的作用。

當今的中國正走在實現中華民族偉大復興的道路上，在新的歷史條件下，實現偉大復興離不開信息化。在當下，人工智能作為一項產業賦能的手段，對產業結構調整和供給側改革、數字經濟發展和數字中國建設具有很好的推動作用；在將來，對於中國佔領科技制高點、解決基礎研究領域的重大科技問題也將具有很好的支撐作用。我們國家在幾個關鍵方面具有得天獨厚的優勢，包括高效的頂層設計、健全的製造業等實體

經濟、穩定的經濟發展環境等。相信在我們的共同努力下，至共和國百歲之際，中國的人工智能一定會在基礎研究和產業應用領域進入國際領先的行列。

6.10　2049 年，中國是否有能力引領全球 AI 發展

2016 年，谷歌旗下的深度學習公司 DeepMind 打造的 AlphaGo 以 4：1 的成績戰勝圍棋世界冠軍李世石，震驚世界。

同年，國務院將 AI 納入「國家戰略性新興產業」，寫入「十三五」規劃綱要，其中特別強調 AI 對中國未來經濟轉型與產業升級的重要性。

從這以後，人工智能在中國徹底火了。中國 AI 軍團異軍突起，迅速攀升至全球第二。中國這個後來居上的 AI 大國開始受到國際社會的廣泛關注。

2019 年 4 月，新智元發佈的《2019 中國人工智能獨角獸白皮書》顯示，中國目前擁有 50 家 AI 獨角獸企業（指估值超過 10 億美元的未上市公司），其中超級獨角獸（估值超過 200 億元人民幣）有 19 家，估值總金額佔全部 AI 獨角獸總估值的 90.95%。

第四次工業革命正在悄然來臨，世界各國都已經認識到

人工智能將是未來國家之間競爭的關鍵賽場。對中國而言，人工智能更是一個歷史性的機遇，如果把握住，將有可能躋身AI強國之列。那麼在接下來關鍵的 30 年中，中國在全球人工智能中將處於怎樣的地位？中國最急需發展的 AI 子領域是什麼？中國是否會擁有全球領先的 AI 企業呢？我們來看看新智元採訪的各位專家怎麼說。

在李世鵬看來，只要看得遠、佈局早、下手狠、抓基礎、育人才，中國絕對有機會走在世界前列，中國企業也絕對會有新時期的「Google」和「Facebook」。2049 年的萬億企業，今天應該還沒有成立。未來屬於年輕的一代！

張勤表示，要引領，就必須在技術領域、在原創的計算模型上有所作為。人工智能其實主要就是計算模型，必須在這上面有原始創新，沒有原始創新，引領就會比較困難。而原始創新既包含基礎理論的原創，又包括技術領域的原創，這一塊是真正應該支持的。TCP/IP 只是一門原創的技術，談不上是基礎研究，卻有人把它稱為 20 世紀最偉大的發明。我們要依靠國家的體制優勢，搞技術原創，加大產業投入，致力於技術領域的應用，真正地解決應用層面的問題。只有這樣，中國才有可能出現真正全球領先的 AI 企業。

對於 2049 年中國能否引領全球 AI 發展，孫茂松給出了

自己的看法。首先，他不太建議使用「引領」這個表述。我們要謙虛一點，實際上也沒有太多可驕傲的本錢。我們還是要韜光養晦，不要動不動就試圖去引領世界。我們能夠和人家並駕齊驅就很不錯了，應該多從構造人工智能人類命運共同體這個角度來認識和闡述。其次，錢學森先生曾把現代科學體系分為三個層次：工程技術、技術科學和基礎科學。比如，基礎科學可以對照牛頓力學，技術科學可以對照結構力學，工程技術可以對照架橋、蓋房子。如果按這個標準來看國內的人工智能研究現狀，目前為止我們在基礎科學方面的貢獻幾乎沒有，國際上人工智能相關的圖靈獎得主已有 10 名左右，但中國一個也沒有。這是我國一個極大的短板。在技術科學方面，我們的研究成果屬於上品的也乏善可陳，屬於中下品的則相對多一些。而在工程技術方面，國內已經有不少重大的應用（如阿里巴巴、騰訊等），這方面的成果在世界範圍內已經屬於領先水平了。

　　要真正引領世界人工智能的潮流，在基礎科學方面的研究是最為關鍵的，必須要有幾個世界級科研領軍人物才可能引領這個潮流。同時根深才能葉茂，否則經不起風吹雨打。在發展戰略上，我們要着眼於根，而不僅僅是枝葉。對中國人工智能的未來發展，重中之重在遠慮而不是近憂。

　　而基礎科學領域頂尖人才的培養，恰恰是我國又一個極大的短板。高考制度最大限度地保證了教育公平，基於這個體制的我國高等教育，從人才培養的平均水平上說，在國際上是比較高的，但同時也導致了一個很嚴重的結果，就是很容易把潛在的、有個性的天才式人物給抹殺掉了。此外，基礎科學的研究需要高稟賦、高水平的學者具有「板凳甘坐十年冷」的研究精神和執着態度。所以總體上看，我國要在 2049 年引領世界人工智能的潮流，應該說是一項非常艱巨的任務，必須從長計議，綜合施策。

　　在接受新智元採訪時，王成錄表示，他對中國未來在 AI 領域領先全球充滿信心，實際上，基於 AI 能力的應用創新在中國已經非常普遍了，比如通過車牌自動識別收費的停車場、人臉識別的門禁系統等。各行各業的應用創新會進一步推動 AI 相關基礎技術的持續進步。

　　但中國應該在 AI 相關的基礎技術領域多投入，比如說與 AI 相關的計算能力，涉及芯片和操作系統。國家在芯片這個領域應該要加大投入，這背後是什麼？是材料科學、化學、理論數學、物理學，這些學科的發展和突破是基礎。基礎科學突破了，才能創造一個新的行業或者產業，如果沒有相關芯片和基礎軟件的突破，僅僅是應用層面的創新，行業的發展是不可

能長久的，也無法具備長久的競爭力。

　　所以我們只要把基礎的芯片、操作系統、基礎軟件這些能力全面構建好，可以使能的領域就非常多了，應該在這些領域加大投入。

　　最後是人才培養。所有的競爭最核心的就是人才的競爭，現在的環境還是有點浮躁，大家都希望掙快錢，出現了一些泡沫，缺少讓大家紮紮實實做基礎技術研究的環境。企業可以在人才培養上發揮更重要的作用，通過校企結合，可以使人才培養更具有針對性。

　　梅宏也給出了自己的見解。要實現中華民族的偉大復興，我們必然要在包括人工智能在內的多個科技領域處於世界領先地位。他希望到那個時候，我們在基礎研究和產業應用上都能夠領先世界。

　　我國人口眾多，工業體系完整，在數據的積累上具有先天的優勢。對於數據密集型的技術，我們能夠率先進行大規模應用，並及時發現問題，完成發展和進化。因此，在人工智能技術的應用上，尤其是商業化、普及化以及數據資源方面，我們會處於優勢地位。

　　但就目前來看，我國人工智能理論研究和核心框架上的發展仍然嚴重滯後，這一問題可能會導致後續人工智能應用的

發展動力不足，潛能受限，最終可能會受制於人，這需要引起高度關注。

對於「在哪些領域最可能出現全球領先的 AI 企業？在中國，哪個企業將是人工智能領域的下一個萬億企業？」這兩個問題，梅宏表示，在 30 年的跨度上，這個問題非常難回答，因為中國的發展速度太快了，回想 40 多年前，我國的改革開放剛剛開始，而如今我們已經取得了如此輝煌的發展成就，這恐怕是當時任何人都難以想像的，這充分展現了中國人的勤勞和智慧。雖然無法預測哪個企業將是人工智能領域的下一個萬億企業，但他認為可以推測中國出現全球領先的 AI 企業應該是一件必然的事情。目前，華為、阿里巴巴、騰訊等大型企業在人工智能領域已經展現了強勁的實力，很多新興的人工智能企業也顯示出了很好的發展潛力。在國家政策的支持和全社會的不懈努力下，他認為，關係國計民生的多個重大行業都會出現重量級的 AI 企業。伴隨着中華民族的偉大復興，我們一定會有很多全球領先的、在 AI 領域具有行業領導地位的大企業出現。

在本章中，新智元邀請的 12 位專家對中華人民共和國成立 100 周年時的 AI 萬象進行了不同維度的展望。

總體而言，專家們都對中國在 21 世紀新 AI 軟硬件生態

中立足和保持領先抱有信心，如梅宏所說：「近年來，華為、寒武紀等公司在人工智能芯片方面取得了重要進展。這充分表明我國在計算硬件方面已小有基礎，並具備發展潛力。我們只要尊重科技發展規律，持之以恆、不斷進取，就一定能進入這一領域的國際領先行列。」

中國在 AI 工程技術方面取得的累累碩果獲得公認，在世界範圍內中國的工程化實踐都處於領先水平，阿里巴巴、騰訊、華為等巨頭分別在智能雲、計算機視覺、5G、智能終端與邊緣計算等領域成為重量級的參與者。

中國企業在人臉識別和語音等 AI 應用層面已經在世界上領先，但中國在人工智能基礎研究領域的拓展仍略顯浮躁，其中底層技術的研發、系統架構與 AI 人才的培養依然相對薄弱。正如王成錄分析：現階段中國的 AI 創新大部分都集中在應用層面，但在基礎技術上的投入嚴重不足。孫茂松也警示：基礎科學領域頂尖人才的培養恰恰是我國一個極大的短板。

綜合本章訪談內容，中國在人工智能發展方面還有以下 3 個系統短板。

首先，人才匱乏。根據《2019 全球 AI 人才報告》，全球約有 44% 的 AI 人才在美國獲得博士學位，在中國獲得博士學

位的人才佔比不到 11%；只有 11% 的 AI 人才在中國工作，中國公司吸引 AI 人才的絕對數量大約相當於美國的四分之一；此外，在所調查的 21 個國際頂級會議上發表論文的作者中，中國作者的人數只有美國的六分之一。

其次，研究質量仍處於中游。儘管中國人工智能論文的平均引用量一直在穩步增長，高於世界平均水平，但綜合影響力仍遠低於來自美國的論文。

最後，基礎研究根基薄弱。在人工智能的核心算法和技術框架、支撐計算能力的芯片硬件和開源生態創新等方面，中國尤其薄弱。例如，由美國企業主導研發的開源平台 TensorFlow、PyTorch 和 Caffe，在全球產業界和學術界得到了廣泛的應用，而中國還沒有一種人工智能開源平台堪與這些平台匹敵。這是中國人工智能生態系統在木桶效應下最受制約的短板。缺少根基，中國的人工智能研發與創新系統就很難長成參天大樹；生態匱乏，就難以涵養茂密森林。

用「未來可期」來形容中國人工智能的中長期發展最為恰當，儘管在這一過程中，我們需要直面各個層面的困難與挑戰，但筆者認為在通往新中國成立 100 周年的 AI 創新之路上，為中國人工智能創新系統打造堅實且牢固的「地基」是重中之重。

　　如果將中國人工智能創新系統比成一座高聳入雲的樓宇，基礎技術、AI 人才以及充滿活力的開放創新生態是其地基，「智能＋」落地與應用則是在此地基上搭建的華麗樓宇。龐大的市場容量、得天獨厚的產業環境與國家政策的扶持可以助力樓宇越建越高，但這一切終究是要建立在擁有全球競爭力和自主創新能力的地基之上。

　　只有地基越來越堅實，這座樓宇才能抵達前所未有的新高度。這需要我們共同努力。

　　科技的出現給人類挑戰極限的夢想增添了翅膀，人類智能的最高級形態和人類社會的最發達狀態可能是萬物互聯的全新境界。超越人類的智能極限、將萬物轉化為互聯互通的智慧終端，也可能是人類的終極夢想。解密大腦、實現意識與物質的全面融合與無縫交互，也將極大提升人類的自由度。2049 年，實現萬物互聯、人機共生、科技向善的 AI 新世界，這是人類共同的科技夢想。

　　人工智能從起源、發展到現在也不過 70 餘年，中國的人工智能起步更晚，AI 的未來如同神祕的宇宙般等待我們去探索。目前，我們最緊迫的任務是要把中國人工智能研發創新的地基打牢，穩固算法與系統框架以及芯片與核心硬件這兩大支柱，同步創造開放包容的 AI 新生態，讓中國成為全球率先駛

向智能宇宙的星際飛船。

當下探索人工智能未知宇宙的航程，也是中國人工智能星艦重新起航的關鍵時刻。相信在這大航海的探索旅程中，智能的疆界將一再被拓展，人類對自我的認知將不斷被刷新。人類的文明歷史已經證明，智能可以在宇宙蠻荒中自然進化而成。對智能邊界的不懈求索必將催生巨大的科研動能，人工智能必將給中國帶來更多的改變。讓我們攜手創造屬於每一個中國人的、科技向善的智能新天地。

智周萬物：人工智能改變中國

楊靜　編著

責任編輯　李茜娜
裝幀設計　譚一清
排　　版　黎　浪
印　　務　劉漢舉

出版　　開明書店
　　　　香港北角英皇道 499 號北角工業大廈一樓 B
　　　　電話：(852) 2137 2338　傳真：(852) 2713 8202
　　　　電子郵件：info@chunghwabook.com.hk
　　　　網址：http://www.chunghwabook.com.hk

發行　　香港聯合書刊物流有限公司
　　　　香港新界荃灣德士古道 220-248 號
　　　　荃灣工業中心 16 樓
　　　　電話：(852) 2150 2100　傳真：(852) 2407 3062
　　　　電子郵件：info@suplogistics.com.hk

印刷　　美雅印刷製本有限公司
　　　　香港觀塘榮業街 6 號 海濱工業大廈 4 樓 A 室

版次　　2022 年 2 月初版
　　　　© 2022 開明書店

規格　　32 開（210mm×153mm）

ISBN　　978-962-459-245-0